{ Viver é simples assim... }

Crônicas de
Vanessa Freitas

Crônicas de
Vanessa Freitas

Copyright© 2015 by Editora Ser Mais Ltda.
Todos os direitos desta edição são reservados à Editora Ser Mais Ltda.

Presidente:
Mauricio Sita

Capa, diagramação e projeto gráfico:
Candido Ferreira Jr.

Revisão:
Ana Luiza Libânio

Gerente de Projetos:
Gleide Santos

Diretora de Operações:
Alessandra Ksenhuck

Diretora Executiva:
Julyana Rosa

Relacionamento com o cliente:
Claudia Pires

Impressão:
Gráfica Pallotti

Dados Internacionais de Catalogação na Publicação (CIP)
(Câmara Brasileira do Livro, SP, Brasil)

Freitas, Vanessa
  Viver é simples assim -- / crônicas de Vanessa
Freitas. -- São Paulo : Editora Ser Mais, 2015.

ISBN 978-85-63178-87-9

1. Autoajuda 2. Crônicas brasileiras 3. Motivação
I. Título.

15-08638   CDD-869.8

Índices para catálogo sistemático:

1. Crônicas : Literatura brasileira   869.8

Editora Ser Mais Ltda
Rua Antônio Augusto Covello, 472 – Vila Mariana – São Paulo, SP
CEP 01550-060
Fone/fax: (0**11) 2659-0968
Site: www.editorasermais.com.br e-mail: contato@revistasermais.com.br

Agradecimentos;

Obrigada a Deus, devo tudo.
Ao meu filho Guilherme que muito me ensina com a sua forma ímpar de ser.
Obrigada aos meus três filhos por existirem e me ensinarem a amar incondicionalmente.

Prefácio

"Viver é simples assim..." Será? Com este título que nos remete a uma profunda reflexão, Vanessa Freitas nos brinda com mais uma obra que conduz à revisão de nossos conceitos e observação de nossas vidas.

A autora utiliza a escrita como forma de sintetizar seus pensamentos e como uma via de comunicação de suas ideias. Encontraremos em suas crônicas o retrato do cotidiano de uma mulher, profissional, mãe e esposa que se desdobra para ter sucesso em todos os seus papéis e ainda encontrar prazer e realização em contribuir com o desenvolvimento das pessoas.

Toda sua escrita é marcada por seus valores. Vanessa Freitas se desnuda completamente quando escreve e podemos acompanhar de forma clara seu momento de vida, suas expectativas, anseios, medos e também sua grande força, fé e capacidade de reconstrução. Cria-se um canal direto com o leitor, que certamente sentirá, sofrerá e aprenderá bastante com as experiências e com as reflexões da autora.

É comum pensarmos que a vida é dura. E diante de tantas tragédias (naturais, humanas e sobrenaturais), crimes, corrupção, desigualdade social, para muitos, deparar-se com o título proposto é quase uma piada. A proposta da autora é justamente criar este impacto e instigar o leitor a rever suas posturas diante da vida e dos problemas. A ideia é refletir sobre as crenças que criamos, que reproduzimos e que copiamos de terceiros.

Temáticas como autorresponsabilidade, autoaceitação, felicidade, escolhas, perdão, crenças e principalmente amor, são tratadas de forma leve, mas também com propriedade de que está sentindo na carne cada uma daquelas emoções. Esta forma de escrever conduz a um diálogo profundo com a realidade e transporta o leitor para uma relação de intimidade com a escritora, a ponto de nos sentirmos sentados em sua sala, conversando sobre mais um dia de vida, um dia de trabalho, um dia de batalha.

Sem dúvidas é um daqueles livros para ler várias vezes, para ler de uma vez só, para ler de trás para frente ou de frente para trás. Ou mesmo para ler só uma página. Independentemente do tipo e tamanho de contato que tiveres com este texto, em qualquer página que você abrir encontrará uma bela história que te conduzirá ao um rico encontro com você mesmo.

Simples assim, sem a pretensão de ser um tratado sobre as relações humanas ou a estruturação da sociedade, este livro retrata o nosso tempo e pode ser uma excelente oportunidade para impulsionar um novo olhar acerca do mundo e de você.

Seja bem-vindo a esta leitura.

Sabrina Borges
Psicóloga, Especialista em
Treinamento & Desenvolvimento.

Simples assim

Todas as grandes lições de vida que tive vieram do cotidiano. Nem as universidades que estive e nem os professores que tive me ensinaram tanto. É a vida que me ensina diariamente.

E não foi diferente da última vez que aprendi de uma vez por todas que viver é simples assim.

Certa manhã meu filho entrou no quarto e disse:

— Mãe, a senhora está esquisita, ansiosa, sei lá. Por quê?

— Estou querendo ligar para uma pessoa.

— E por que não liga?

— Não é simples assim.

— A senhora tem o número desta pessoa?

— Sim, eu tenho.

— Então, mãe, nós temos um telefone em casa e a senhora tem o número desta pessoa. Liga logo!

— Mas, filho, é que enviei uma proposta ontem e se eu ligar hoje parece que estou ansiosa.

— E a senhora está.

— Eu sei, mas esta pessoa não pode saber.

— Como assim? A senhora quer perguntar o que a ela?

— Quero saber o que achou da proposta.

— Só isso? Ah, mãe! Não complica. Liga e pergunta o que ela achou da proposta.

— Eu não sei, filho!

— Mãe, deixa de ser complicada e faz o que tem que ser feito, porque esse negócio da senhora achar que a mulher vai pensar isso ou aquilo é coisa da sua cabeça. A senhora não sabe mesmo o que a outra pessoa vai pensar.

— Verdade, filho!

— Então liga. Tá vendo mãe? É simples assim.

Diálogo simples, conversa sem graça e uma grande verdade.

Viver é simples assim!

A comida está ruim? Não come.

A conversa está chata? Vai dormir.

Quer falar alguma coisa para alguém? Procura e fala.

Não tem dinheiro? Fica em casa.

Acordou sem vontade de trabalhar? Levanta e vai, senão você será o próximo desempregado do nosso país. Óbvio.

Não cumprir com as suas responsabilidades lhe trará prejuízos aqui ou na China.

Por que será que vamos crescendo, amadurecendo e complicando tanto a nossa própria vida? E com isso caminhamos nos autoatrapalhando diariamente, como se a vida fosse uma rede intermináveis de complicações.

Não esqueça, você é corresponsável por tudo o que te acontece.

Viver não é fácil, isso eu nunca achei. Mas pode ser simples se você respeitar a si mesmo e ao outro.

Convido você para reflexões simples acerca da vida. Com a minha ótica e com o meu coração.

Excelente leitura...

Vanessa Freitas

Capítulo 1
Ser feliz depende de quem? 17

Capítulo 2
Tanta mentira... somos frágeis 23

Capítulo 3
Nossas emoções no lixo 27

Capítulo 4
Quero ser *tortinha* de vez em quando 33

Capítulo 5
Perdão para o ano que passou 39

Capítulo 6
A maior vingança é ser feliz 43

Capítulo 7
Maquiavélica como Maquiável 51

Capítulo 8
Você se autoajuda ou se autoatrapalha? 57

Capítulo 9
Líderes: doentes ou adoecedores? 61

Capítulo 10
O truque que nos engana diariamente 65

Capítulo 11
Os três mandamentos dos encontros malsucedidos 69

Capítulo 12
Quero mesmo é ser campeão de mim mesmo 75

Capítulo 13
Parem de nos dar conselhos 79

Capítulo 14
O fantástico mundo das percepções 85

Capítulo 15
Acreditar ou confiar? 89

Capítulo 16
Aprendendo a perder 93

Capítulo 17
Desejo, vontade e necessidade 99

Capítulo 18
A nossa missão? Evoluir. Simples assim 103

Capítulo 19
Quem tem medo da vida? 109

Capítulo 20
Tudo passa... 113

Capítulo 21
Mundo contemporâneo, vida confusa 117

Capítulo 22
Superpoderes 123

Capítulo 23
Forçando a mentira 129

Capítulo 24
Está reclamando do quê? 133

Capítulo 25
Vá para o país que te pariu! 137

Capítulo 26
Não há vagas 141

Capítulo 27
Não somos livres 145

Capítulo 28
Desista de compreender as pessoas e a vida 149

Capítulo 29
A vida começa aos 40 153

Capítulo 30
Conversas inúteis... 157

Capítulo 31
Fale um pouco de você... 163

Capítulo 32
Domingo é dia de agradecer 167

Capítulo 33
Por um fio de ópio 171

Capítulo 34
O que define a nossa vida? 175

Capítulo 35
E aí, vai tirar o relógio? 179

Capítulo 36
Mundo virtual, coração real 183

Capítulo 37
Privacidade: o preço pode ser a solidão 187

Capítulo 38
Ah! Empresas, não sejam tolas... 191

Capítulo 39
Você é um vencedor? 195

Capítulo 40
O amor não precisa ser tão romântico assim... 199

Capítulo 41
Os incômodos da razão 205

Capítulo 1

Ser feliz depende de quem?

Não acredito em facilidades.

Graças a Deus nunca acreditei.

Tenho até medo dos anúncios que prometem emagrecer dormindo, ter orgasmos múltiplos com uma pomadinha, aprender inglês em uma semana, aumentar o pênis com um exerciciozinho ou aumentar a sua empregabilidade lendo uma revistinha.

Não é que eu seja sofredora ou tenha a mania de querer compreender o princípio ativo de tudo. Apenas não acredito em facilidades consistentes oriundas de terceiros, não acredito que as minhas mais desejadas conquistas realmente possam acontecer dormindo.

Gosto da palavra esforço, acredito em sacrifício para viver melhor. Entre a culpa de não fazer e o esforço em sacrificar-se, eu fico com o sacrifício. O peso da culpa é insuportável.

A mãe e o pai das pessoas felizes é a disciplina. Os folgados são infelizes.

Refiro-me a uma dor prazerosa pela certeza de movimentar-me em direção ao alvo.

No cotidiano seremos sempre desafiados, iremos ouvir o que não queremos, iremos lamentar a partida sem o nosso consentimento, iremos sofrer humilhações, injustiças, teremos que lidar com o despreparo do outro e ainda iremos agonizar no leito de morte de quem amamos, como se a vida fosse findar. E ainda assim ninguém nos socorrerá.

Seguiremos com a nossa dor a sangrar diuturnamente a nossa alma.

Pelo o amor de Deus! Não coloque a sua felicidade na mão de estranhos. Se precisar do outro assim como o ar que você respira, isso não é amor, sempre será carência.

Sei que não somos tão fortes assim e que precisamos nos relacionar para encontrarmos o equilíbrio, sei que precisamos do outro, mas não pode ser com a finalidade de proporcionar a você aquilo que só você pode fazer: Viver a sua vida.

Não aceito a condição de contextualizar a felicidade como momentos. Não aceito banalizar uma noite correndo atrás de um trio elétrico e dizer que isto é ser feliz. Ou que ser feliz é fazer amor com quem desejamos.

Isso tiraria de mim a condição de ser responsável pela minha felicidade. Neste conceito de felicidade e momentos vinculados a terceiros, eu estaria dando o poder sobre as minhas emoções a uma situação ou a pessoas externas e isso é totalmente enlouquecedor. Porque dar poderes a estranhos para determinarem a minha condição emocional é percorrer o caminho para o precipício, é desproporcional ao conceito de autorresponsabilidade.

Pois no momento da ausência do estímulo positivo, iríamos nos sentir desamparados. No momento da partida do outro, iríamos ficar em frangalhos (e ficamos). Mas ganhamos o desafio de nos recompor sozinhos e isso fortalece e edifica a estrutura da verdadeira felicidade.

Ser feliz é uma condição permanente que somente aqueles que são verdadeiramente fortes podem conhecer. Não é um caminho explorado, é um caminho construído por você. Autorreforçador e autoconstrutor, entende isso?

Ei, psiu! Ser feliz depende de quem?

Vamos entender de uma vez por todas a diferença entre felicidade e banalidades. Precisamos compreender a diferença do prazer, satisfação e alegria para conhecermos a felicidade.

Posso sentir prazer em comer um chocolate ou em fazer amor com aquele cara de 1,90 de tirar o fôlego de qualquer mulher. Mas isso não é ser feliz.

Posso obter satisfação na presença de um amigo ou na realização de um trabalho, mas também não significa que isto me fará sentir felicidade.

Posso, ainda, ficar alegre durante um show de forró (ô negócio bom, viu?).

Também posso ter alegria exercendo a profissão que amo ou quando recebo um elogio, mas isso também não significa felicidade.

É apenas alegria. Porque todos os três itens citados, vão e vem o tempo inteiro e algumas vezes podem demorar a vir. Então seria muita sacanagem com você retirar a estabilidade de ser feliz.

Posso ser feliz com o meu filho doente, desempregada ou abandonada por quem eu amo. Posso ser feliz após ter perdido a pessoa mais importante da minha vida, sem isentar-me de ficar triste, mas a tristeza não é infelicidade.

Tristeza é um sentimento temporário, assim como a raiva e até a alegria.

Felicidade é a aptidão dos poucos que ousam desafiar a vida todos os dias.

A porta bate e você não abre para o desespero entrar.

Alguém te aborrece e você não cede diante da frustração. É a vida sangrando e você estancando o tempo inteiro. Porque vai sangrar, pode ter certeza.

Hoje estou triste ao escrever este artigo, porém extremamente feliz por muitas realizações que vivencio.

Poder compartilhar com vocês que posso assumir a minha condição de ficar triste é algo que soma. Porque eu não tenho a obrigação de fazer cara de contente e nem de omitir a minha dor.

Mas eu assumo diariamente o compromisso pela minha — só minha — felicidade. Eu não a entrego a quem não conheço e não culparei a vida pela minha inaptidão em escrever a minha própria história.

Aprendo que posso domar as correntes de vento, aprendo também que quando o vento é forte demais ele balança assustadoramente os galhos da árvore, mas, quando a árvore é flexível, ela se enverga, mas não quebra. Somente a rigidez a quebraria diante dos ventos fortes.

Gostaria de ofertar a cada um que divide comigo esta leitura o resgate sobre a possibilidade de escrever um pedacinho da sua felicidade todos os dias. Mesmo que, para isso, tenha que enterrar um pouquinho da sua esperança nos que estão à sua volta.

Enquanto estivermos vivos, muitos irão nos magoar.

Só não vale enterrar a esperança que habita em você, expectativa e fé na pessoa que você é e não naquilo que os outros fazem acontecer a você.

Afinal, ser feliz depende de quem? E o que você está disposto a fazer hoje para construir um pedacinho da sua felicidade?

Capítulo 2

Tanta mentira... somos frágeis

É mentira que sabemos nos controlar diante da pessoa que amamos.

É mentira que somos capazes de esquecer quem nos abandonou.

É mentira que sabemos desmembrar o pessoal do profissional.

É mentira que não machuca quando alguém nos diz "sua apresentação foi horrível".

É mentira que a nossa autoestima supera a dor que surge quando alguém diz "não amo mais você".

É mentira que somos felizes com vinte quilos acima do peso.

É mentira que vamos dormir tranquilos após perder o emprego.

A sociedade foi nos ensinando a mentir a cada instante de vida.

E todas estas mentiras possuem um grande objetivo: sermos aceitos.

E aí é onde entra a mentira maior. Enganamos a nós mesmos e ao mundo para sermos aceitos não apenas pelos outros, mas para sermos aceitos por nós mesmos.

Não admitimos quando estamos fracos, não aceitamos ficar de cama por algo que aos olhos dos outros é banal, mas para nós é fenomenal.

Precisamos assumir que muitas coisas nos inquietam e que as máscaras que usamos maltratam mais a nós do que ao mundo a nossa volta.

Santo Agostinho dizia que a ausência do bem é a prática do mal e isto me leva a uma reflexão importante:

"Se não estou cultivando o meu bem-estar, estou praticando o mal a mim mesmo".

Deixe a fumaça sair antes de envenenar você. Permita ser vulnerável diversas vezes durante o dia, a semana ou o mês.

É mentira que somos fortes.

É mentira que sabemos perder com categoria.

É mentira que iremos sorrir quando recebermos o convite de casamento de quem sonhamos que um dia se casaria com a gente.

É mentira que após enterrar a pessoa que mais amamos nesta vida saberemos viver como antes. Não se cobra isso de ninguém, muito menos de si mesmo.

Quanta crueldade praticamos contra nós mesmos?

A verdade é que temos muitas metas inacabadas, muitos amores desfeitos sem o nosso consentimento, muitos projetos que lutamos para iniciá-los, muitos sonhos que vibram dentro de cada um de nós e gritam baixinho "deixe-me respirar em paz, quero sair de sua cabeça e entrar no mundo real".

Mas parece que a vida não deixa, parece que a vida não concede permissão para tudo o que projetamos entrar definitivamente no nosso cotidiano.

2012 está chegando e não se cobre assumir tantas mentiras para provar para si próprio que você é forte de verdade. Ninguém é.

É mentira que você vai ficar mais forte após ler um livro de autoajuda. O que vai surgir é um sentimento temporário de força.

O que vai te fazer mais forte é se cansar de fracassar.

O que vai te fazer mais forte é AGIR e passar a experimentar os ganhos desta ação. Você irá correr atrás de repetir comportamentos eficazes. Mas não é sempre que conseguimos acessar o racional.

Em muitos momentos você vai chorar, espernear, perder a esperança e dizer a si mesmo "eu sou um rato".

Mas você não é um ratinho, você é um ser humano que luta, assim como eu, para superar os desafios do cotidiano e assumir um papel de forte nos momentos certos.

É isso! O máximo que você irá conseguir é assumir um papel adequado diante das inadequações e dores da vida.

Lute pela paz. Ela pode surgir diante do rato ou do super-herói. Basta você reconhecer e aceitar as suas limitações.

Eu entrarei 2012 aceitando o quanto errei em 2011 e me esforçando para esquecer todas as dores que eu sinto.

Todos sentem, todos possuem, todos nós somos frágeis.

Capítulo 3

Nossas emoções no lixo

Se tivéssemos tempo para fiscalizar a dinâmica da vida moderna, descobriríamos a doença social que acomete o nosso povo: o desrespeito às nossas emoções.

Acredito que cada episódio observado nas relações sociais, de um modo geral, seria um choque para aqueles que possuem boa-fé e retidão de caráter.

Nos últimos dias observei coisas chocantes como uma menina de sete anos gritando com a mãe em uma rede de loja infantil. Ela dizia "Eu detesto você! Não vou vestir isso, porque fico gorda e horrorosa como você".

Eu fiquei tão chocada com a cena que mal podia raciocinar. Tenho três filhos e, pra começar, lá em casa ninguém chama mãe ou avó de "você". Ainda utilizamos "senhora" e tenho orgulho destas cafonices.

Imagino que essa mãe se sentiu dor duas vezes, por ser desrespeitada em público e a constatação de que não educou a própria filha.

No ano que está terminando, eu lamento que ainda eu tenha me surpreendido negativamente com o caos social. Surpreendeu-me a capacidade humana de fazer o mal. Tivemos crianças pisoteadas na cabeça pelo próprio pai indo ao ar através de cenas gravadas no celular, mostradas logo de manhã na maior emissora do nosso país.

E quando eu pensei que nada mais me surpreenderia, li a notícia de que uma criança foi enterrada viva por causa de uma bicicleta no Maranhão.

Eu realmente estou chocada com tudo o que vejo. Tenho fé que não verei nenhuma maldade humana ainda maior que esta, porque sinceramente estou tendo pavor de ligar a TV. Parece que a qualquer momento verei uma cena ainda pior.

Vivemos uma completa desestruturação social e a forma como nos sentimos parece que não interessa a ninguém. Nossas emoções estão no lixo. No lixo do descaso, do abandono, da indiferença, da incompreensão.

Considero importante chamar a sociedade para rever a forma como estamos vivendo. É importante parar por alguns instantes e se perguntar:

— Como eu posso contribuir positivamente para o meu país?

— O que eu fiz de bom para os que me cercam?

— Qual o sonho que eu ajudei a sonhar?

— Fiz a minha parte enquanto cidadão?

— O que eu poderei fazer para contribuir ainda mais com o mundo onde vivo?

Sei que sempre estaremos inquietos. Sei que nunca sentiremos que somos amados como gostaríamos e que sempre nos decepcionaremos com o mundo à nossa volta. Também sei que a nossa indecisão diante de um conflito sempre existirá e que ninguém pode realmente nos auxiliar a definir nada em nossa vida.

Mas também sei que, se nos importássemos um pouco mais com as emoções das pessoas ao nosso redor, seríamos mais saudáveis emocionalmente.

Sei que se déssemos mais atenção aos nossos filhos (pelo menos parar para olhar em seus olhos quando eles nos falam bem na hora do Jornal Nacional), eles cresceriam acreditando que são importantes para nós. Se parássemos de tratar as visitas como pessoas mais importantes que a nossa família, teríamos um lar mais saudável.

Você já reparou que a visita pode sujar o seu sofá e você de forma simpática diz "Não foi nada. Depois eu mando lavar". Mas o que você faria se o seu filho de cinco anos deixasse cair suco de beterraba em seu sofá novo?

Ora! Parem de tratar os de fora melhor que os que convivem diariamente com você. Parem de adoecer as emoções daqueles que vocês dizem AMAR DE VERDADE. A sua família é mais importante que qualquer estranho e é para eles que nós devemos fazer o nosso melhor.

Estamos adoecidos emocionalmente porque perdemos o referencial de amor e respeito dentro de casa.

Estamos adoecidos emocionalmente porque tudo virou BOBAGEM. Bobagem para quem?

Nada é levado a sério. Parece que tudo passa. Mas passa para quem?

Lembrei de quando meu filho de sete anos mergulhou em uma piscina na escola para competir numa prova de natação com cinco alunos.

Ele foi o último a sair da piscina e demorou muito para cumprir a prova. Todos os alunos aguardavam o meu filho rindo e xingando ele de gorducho. Com lágrimas nos olhos ele me perguntava:

— Mãe, eu nadei tão mal assim?

Eu lhe dei um abraço e disse:

— Você fez o melhor que podia, meu filho!

Tenho certeza que, assim como eu, ele nunca esqueceu aquele dia, até porque tem horror a nadar.

Por que ninguém ensina as crianças do nosso país a serem generosos?

Por que não incentivamos o perdão ao invés de incentivar a revanche?

Vivemos em uma sociedade faminta de amor...

Faminta de esperança...

Faminta de atenção.

Tudo seria melhor se houvesse o respeito às nossas emoções.

Na hora de demitir alguém na sua empresa, lembre-se de perguntar:

— Como você se sente? Existe algo que eu possa fazer para você se sentir melhor?

Certamente não haverá. Mas você demonstrará respeito à emoção do outro e ele nunca esquecerá de sua solidariedade em um momento tão difícil como este.

Sabe aquela ligação que você prometeu a alguém?

Sabe aquele convite que você recebeu e nem se importou em comparecer?

Alguém sofreu momentaneamente pela sua falta de consideração.

Pense nisso!

Pense nas emoções dos outros!

Capítulo 4

Quero ser *tortinha* de vez em quando

Resolvi passar na livraria do Aeroporto do Galeão enquanto aguardava meu embarque para Fortaleza.

E desta vez não fui direto aos livros como de costume. Parei diante das revistas da semana e assustada li algumas manchetes que diziam assim:

"Aprenda a ficar mais sensual para o seu parceiro"

"Saiba como aumentar 5 cm do seu pênis e ter a mulher que você deseja"

"Quer enlouquecer o seu homem? Seja difícil"

"Mostre ao seu chefe todo o seu poder. Afinal, ele não manda em você"

Fiquei parada diante destas loucuras mundanas e me perguntei:

— Sou mesmo uma pessoa normal?

Por que estas revistas devem vender, caso contrário não seriam publicadas, certo?

Passei direto, nem comprei mais nada e fui refletir sentada de pernas para o ar, no aeroporto lotado de pessoas procurando os artistas que estiveram no Rock In Rio. E eu lá, analisando a sociedade (isto me inclui totalmente).

Ao amanhecer, já na minha cidade e na minha casa, sentia que algo estava errado comigo, porque não me sentia obrigada a cumprir as exigências do mercado local para permanecer tão feliz.

Não tomei um copo com água em jejum.

Não fui caminhar.

Não tomei chá verde.

Não meditei.

Não li os meus e-mails.

Não queria me cobrar por nada, absolutamente nada.

Fui comer um cuscuz quentinho com queijo, depois terminei a leitura de uma revista de gestão e fui deitar de novo.

Como tenho que fazer três viagens em sete dias, me permiti relaxar antes destes embarques profissionais e comecei a lembrar do movimentado dia anterior.

Concluí que nos esforçamos diariamente por realizarmos tarefas que talvez nem agreguem valor as nossas vidas, nos esforçamos para vivermos personagens e sermos aceitos para o outro na ânsia da autovalorização.

Deus me livre desta dica diabólica de ter que ser difícil para conquistar alguém. Afinal, se alguma pessoa gosta deste perfil difícil, sugiro procurar um terapeuta. Porque gente bem resolvida, gosta de gente que sabe amar, gosta de receber carinho, sabe doar e receber afeto.

Se alguém lhe disser uma loucura dessas, responda rapidamente "eu não sou atriz, sou humana".

Na verdade, é tanto teatro que temos que encenar, ou melhor, encarar, que o dia parece curto para aprontarmos o tempo inteiro as encenações que nos exigem.

Soube que os sites mais visitados nos últimos seis meses são os chamados Second Love, onde pessoas casadas procuram uma segunda companhia, e os sites de aumento peniano. Será mesmo que estes homens pensam que as mulheres buscam este pênis tão grande assim? Para quê?

Mulher gosta mesmo é de carinho, de beijo na boca, de preliminares.

Mulher curte mesmo é romantismo. Se o homem for sábio não precisará gastar um centavo com ela, pois basta dizer algumas besteiras que todas nós gostamos de ouvir e ficaremos felizes da vida. Coisas como "você é maravilhosa, gostosa, poderosa e eu morro de saudades de você". Nós acreditamos em tudo isso. E muitas até pagam para ouvir estes agrados.

Sabe de uma coisa? Eu quero mesmo é poder ser *tortinha* de vez em quando.

Poder falhar sem me culpar. Poder engordar sem afetar o meu valor, poder olhar as minhas celulites e lembrar a Coca-Cola que tomei salivando de prazer.

Quero aceitar fracassar de vez em quando. Deus me livre da exigência de não poder decepcionar.

Quero tanto gritar ao mundo hoje:

"Sou humana!! Parem de me atormentar com esta mídia idiota que emburrece as pessoas, com estas histórias de amores perfeitos que não existem, com estas fantasias sexuais que não são realizadas todos os dias, com estes milhares de MBAs que nem sempre agregam valores na vida das pessoas.

Paremos de embrutecer a sociedade com mentiras para vender e gerar lucro nesta sociedade capitalista e adoecida. Estamos construindo capital em cima de pessoas drogadas, frustradas e deprimidas porque não conseguem alcançar este padrão inatingível criado para super seres humanos."

Eu, hein?

Temos uma verdadeira obsessão por mostrar que sabemos de tudo, que acompanhamos as notícias, que controlamos os nossos filhos, que estamos conectados ao mundo. Desconecte-se desta obrigação. Seja *tortinha* ou *tortinho* de vez em quando.

Nós podemos. Afinal, quem irá nos condenar?

Paremos de exercer o papel do nosso próprio algoz.

Vivemos cercados de mitos:

* O mito da família feliz;
* O mito do profissional bem-sucedido;
* O mito do pai perfeito;
* O mito do diretor modelo;
* O mito da sabedoria ambulante.

Que horror tudo isso. Somos normais, somos humanos.

Ora tristes e ressentidos, ora alegres e agradecidos. Mas no tempo exclusivo da nossa natureza humana.

Se não agirmos adequadamente sentimos culpa. Se não falarmos adequadamente somos excluídos. Afinal, o que é esse adequadamente? É para satisfazer a quem?

Eu tenho uma lei interna que rege a minha história desde que fiquei mocinha (faz um tempinho isso). Funciona assim:

"Se eu tenho a consciência de que estou fazendo a minha parte diariamente, não me permito sentir culpa porque alguém achou que eu poderia ser diferente.

Eu aceito as minhas escolhas erradas, aceito amparar um traidor, aceito realizar um trabalho fragmentado (esta é a pior de engolir), aceito amar um canalha (mesmo que seja temporariamente), mas eu aceito o meu coração nos seus dias difíceis e todas as escolhas *tortinhas* que faço".

Também aceito você dizer que esta crônica não te ajudou em nada.

Mas quero que você receba neste momento a minha escrita *tortinha* como forma de dizer carinhosamente que "compartilho com você a minha visão de mundo por onde ando".

São muitos aeroportos, muitas histórias que assisto, muitos motivos para escrever compartilhando. com você, que é o meu maior amigo (terapeuta, leitor, auxiliador – tanta coisa). Você que agora dedica o seu tempo ao meu olhar diante desta vida agitada e inquieta que parece nunca cessar de nos pedir coisas que nem sabemos ser possível realizar.

Capítulo 5

Perdão para o ano que passou

É verdade que a mente gosta de nostalgia, ela procura os aspectos mais tristes de nossas vidas para alimentar esta necessidade.

E neste período de final de ano, por algum motivo, ficamos verdadeiramente nostálgicos, inquietos, sensíveis ou sei lá o quê.

Estava pensando no ano que passou e em tudo o que fiz e o que deixei de fazer.

Acho que é hora de se perdoar. Perdoar a nós mesmos. Por termos dito algo que tenha magoado alguma pessoa. Afinal, não fizemos propositadamente e merecemos ser perdoados.

Precisamos nos perdoar pela ligação malsucedida, pela venda não fechada, pelo ato imprudente, pelo momento de raiva que sentimos...

Não somos perfeitos e nunca seremos.

Hora de se perdoar pela vez em que você enfiou o "pé na jaca". Todos nós já enfiamos de alguma forma.

Assim como você, eu também não gosto de olhar para os meus erros, mas eles são reais e prefiro encará-los de frente a ter que conviver com estes fantasmas que me assombram. Prefiro transformá-los em lição e não pesadelos.

Putz, como eu pisei na bola neste ano que passou. Tomei decisões erradas e precipitadas. Mas era tudo o que eu podia fazer naquele momento pela minha vida.

Ninguém erra ou se comporta como um idiota, por que querer ser um idiota, concordam?

Só agimos assim porque não tínhamos naquele instante uma visão mais assertiva.

Não quero ficar me punindo pelos meus erros. Não façam isso com vocês!

Não conseguiu se fazer compreender para quem você tanto ama? Já foi.

Não conseguiremos alterar o conceito que foi gerado naquele instante. Tudo o que temos agora são as expectativas do futuro. Neste futuro você possui todas as possibilidades. Somente no futuro teremos a chance de fazer e de viver tudo diferente do que fizemos.

As metas não foram alcançadas?

Perdeu o emprego?

A pessoa que você ama foi embora sem motivos justos?

Perdoe-se. Perdão, já foi.

Entre sete bilhões de seres existentes no nosso planeta, deve ter alguém que possa compreender você, que possa alegrar os teus dias, que possa ser uma excelente companhia.

Não cobre demais da vida. Ela não pode te dar felicidade.

É responsabilidade sua produzi-la.

Ela não pode te oferecer segurança. A única certeza da vida é a morte.

Ela nem sempre vai te dar alegrias. Na vida real há momentos alegres e momentos tristes. Essa sempre será a dinâmica da vida.

Sei que assim como eu, você vai se lembrar do que não deu certo. Sei que vai ficar se perguntando o motivo de ter perdido aquilo que tanto queria. São respostas que nunca teremos. São fantasmas que irão nos rondar de vez em quando.

Esteja preparado para receber o novo ano de forma serena. É mais um ano repleto de possibilidades, de esperança e de desafios, muitos desafios.

Seja generoso com você. Se não conseguir, seja pelo menos realista.

Perdão para o que passou e desempenho elevado para o ano que inicia.

A vida lhe devolverá presentes proporcionais ao seu esforço.

Quanto ao amor que você perdeu, ele sempre estará lá. De alguma forma habita os nossos corações e atormentam as nossas almas. Ele continuará lá, exatamente onde o outro deixou, mas que ele seja um amor construtivo, um amor que constrói pontes para outros amores e não um amor destrutivo capaz de nos tirar a esperança para um novo amor.

Todos nós temos feridas mal curadas, todos nós temos sonhos não realizados, todos nós temos os nossos segredos de amor.

Qual é o seu?

Capítulo 6

A maior vingança é ser feliz

Realmente compreendo que todos nós, em momentos de tensão, registramos a raiva de forma intensa e é plausível que seja assim.

O pior, nesta esfera emocional, é que a raiva pelo outro começa a causar danos a nós mesmos de forma inconsciente e sistemática, o que é muito perigoso para qualquer indivíduo.

Porque quando o ofensor se torna inesquecível, nos tornamos refém dele. Isto inclui uma pessoa ou uma empresa.

Como felicidade em minha vida é um valor inegociável, eu acredito que a maior vingança contra aquele que nos machuca é ser feliz.

Lembrei-me de uma rejeição que sofri aos treze anos com um menino do bairro. Ele fora orientado pela família a me desprezar pelo fato de eu ser filha de um simples comerciante.

Recordo que eu era muito apaixonada por ele, fazia cartões pintados à mão (não tinha dinheiro para comprar pronto) e deixava na caixa de correios da casa dele semanalmente.

Mas ele nunca me levou a sério. Possuía um alto padrão de vida e estudava no melhor colégio da cidade. Eu sempre estudei no pior. Ele nunca me deu bola.

Eu segui com a minha vida e sempre prosperei profissionalmente.

Um dia, após quase 25 anos, eu estava no elevador do prédio onde funciona minha empresa de consultoria e logo meu coração bateu mais forte: É ele!

Ele continua o mesmo, lindo de viver.

Ele também me reconheceu e logo perguntou:

— Você é a Vanessa? Que morava pertinho da minha mãe?

— Sim, sou eu. Você trabalha neste prédio?

— Na verdade estou procurando emprego. Queria deixar meu currículo em uma consultoria no sétimo andar que me disseram ter excelentes clientes.

— Então você está indo para a MelhoRH Consultoria?

— Você conhece esta empresa, Vanessa? Porque estou numa situação difícil. Meus pais morreram e acabei com tudo o que eles deixaram. Eu nunca terminei a faculdade e agora pago o preço por ter brincado demais enquanto era novo.

— Ah, sei! — A esta altura estávamos na porta da empresa.

Respondi prontamente:

— Então fique à vontade. Vou solicitar ao psicólogo da nossa empresa que te receba. Muito prazer, sou a proprietária da MelhoRH consultoria.

— Você? Sério? Como conseguiu se dar bem na vida?

Quase voei de raiva com esta pergunta. Ora, eu trabalho dezesseis horas por dia e luto incansavelmente pelos meus objetivos. Essa pergunta mostra o perfil dele, pensamento de quem não gosta de trabalhar.

Na hora, a minha vingança foi consumada pelos anos de desprezo que sofri por ele e a sua família preconceituosa. Vale ressaltar que eu sempre fui muito discriminada na minha infância por ser pobre e filha de um comerciante que tinha um barzinho, onde eu atendia aos clientes quando não estava na escola.

Pois é, a minha maior alegria é olhar para trás e ver o quanto eu caminhei.

Quando não expandimos a nossa visão, ficamos presos aos rótulos que os outros nos dão e, ao invés de lutarmos positivamente, mergulhamos na dor pela ofensa, pela ingratidão, etc.

Realmente adoro lembrar tudo o que passei na infância, pois a minha realidade evidencia o quanto caminhei, o quanto eu merecidamente ocupei meu espaço na sociedade.

Quando alguém te machucar e te abandonar, pense o seguinte:

"Agora eu vou liberar todo o meu potencial para lutar pelos meus projetos, para viver mais livre. Vou me soltar e investir no meu melhor produto: EU".

Quem bate esquece facilmente, mas quem apanha da vida não esquece o que sofreu. Se você anda dormindo, almoçando, acordando e vivenciando diariamente as emoções repugnantes que fizeram você sofrer, cuidado. Você está gerando emoções prisioneiras sobre si mesma, tornando-se seu algoz.

Para manter viva a necessidade de punir o outro, você aprisiona os seus pensamentos, emoções e ações por algo que já passou e que nem vale a pena.

A melhor vingança é ser feliz, é vencer, é prosperar, é realizar-se.

Adoro a música bobinha que a Kelly Key canta: "Baba, baby! Baby, baba!"

Quando vejo alguém que me desprezava, olho firme no olho e penso "baba, baby!". Coisa de uma mulher na idade da loba.

É no seu pior momento que você descobrirá as melhores pessoas. As piores também se revelarão, porque elas sempre nos abandonam.

Mais um ano de vida para o novo calendário.

Estamos no novo ano e nem sempre este ano novo é um ano tão novo assim, afinal teremos o mesmo emprego, a mesma casa, os mesmos filhos, o mesmo marido ou esposa e a mesma obrigação: sermos aquilo que os outros acham que somos.

É o implacável dilema da vida, a luta entre o real e o imaginário (dos outros).

A vida nos impulsiona a sermos completos. E isto é contraditório, visto que somos fragmentados. Ansiosos por encontrarmos a fórmula da paz interior. Quanto mais a buscamos, mais nos distanciamos. Afinal, ninguém encontra a verdade, ela é factual. Assim como não se procura a paz, pois ela é inerente ao espaço em que estamos e ao ser humano que nos tornamos.

As pessoas só enxergam aquilo que autorizamos ser veiculado. Como se soubéssemos o que fazer e o que não fazer para gerar o conceito que queremos gerar no outro. Por esta razão, é que se torna difícil ser aquilo que a vida nos obriga, aquilo que os outros querem.

Afinal, só mostramos a nossa luz. Então estamos sempre vendendo conceitos dúbios sobre nós mesmos.

E a sombra que existe por trás de cada um de nós? Ora! Essa nós escondemos dos outros e até de nós mesmos.

Por isso muitas vezes a sensação de não nos alcançarmos. Por isso o vazio, a angústia, a insistente procura pelo que possa nos satisfazer. E começamos a denominá-la de alma, de aura, de espírito ou de sei lá o que para definir o que não podemos alcançar, a nossa própria sombra.

Esta sombra é o nosso lado egoísta, é o nosso desejo de vingança, é a ferida mal curada diante do último relacionamento, é a mágoa que guardamos de algum familiar e que mentimos para acreditar que perdoamos, pois desta forma nos sentimos melhores. Mas a verdade é que não perdoamos e não esquecemos tudo o que nos acontece. E a isso tudo incorporamos uma sombra em nossas vidas.

O desafio para o cotidiano permanece: vencer a nós mesmos. Pois somos nós os nossos piores inimigos. Como já disse em um capítulo do meu livro, os inimigos moram dentro de nós.

Eu tento vencê-los todos os dias, mas aprendo que o máximo que consigo é domá-los, pois logo surgem outros e eu continuo os desafiando.

Nossos inimigos? É a nossa indisciplina, nossa desmotivação, nossa negligência, nossa falta de perseverança. É tudo o que contribui para que você demore a chegar ao lugar exato aonde gostaria, o seu alvo.

O ano que se inicia continua cheio de obrigações. Por onde você precisa começar para sentir-se validando aquilo que a sua família ou o seu chefe espera de você?

Você nunca conseguirá fugir destas cobranças. Lembre-se disso!

Corresponder às expectativas dos outros faz parte de uma das maiores obrigações da vida.

E embora você tenha vontade de desaparecer em alguns momentos, você não vai desaparecer. Afinal, você é humano e não possui superpoderes.

Desejo-lhe força, porque tudo o que você deixou para comemorar o ano novo, estará lá, no mesmo lugar e na mesma condição, aguardando o seu retorno.

Força... para cumprir com as obrigações da vida.

Capítulo 7

Maquiavélica como Maquiavel

É verdade que somos incompreendidos, mas também é verdade que algumas pessoas parecem que sempre nos darão motivos para serem incompreendidas, principalmente se elas forem estrategistas, pois facilmente serão confundidas com pessoas maquiavélicas.

Hoje eu acordei maquiavélica para me fazer feliz. Não vou escutar nenhuma voz que possa diminuir a minha fé.

Acordei plena, forte e livre. Soberana e realizada com tudo o que sou e com tudo o que proporciono a mim mesma.

A palavra maquiavélica origina-se do grande escritor Maquiavel, que foi fortemente censurado pelos europeus quando falava verdades que ninguém queria ouvir.

Que privilégio é ser uma princesa maquiavélica nos dias de hoje.

A evidência? Maquiavel vive até hoje com a sua obra maquiavélica e é estudada por milhares de estudantes do curso de ciências sociais.

Eu não pontuo em jogos perdidos e nem duelo com gladiadores vencidos. Portanto sou estrategista. SEMPRE.

Visualizo a situação de forma sistêmica e me posiciono ou não. Eu não luto com pessoas vencidas pela fantasia que tentam se apegar, representando um papel distante de sua verdadeira natureza humana.

Eu sou normal, doce e venenosa. Adoraria ser a princesa de Maquiavel.

O fim justifica os meios? É a questão central desta grande obra.

Cabe a você responder quais os seus fins e quais os meios que irá percorrer durante a sua única existência.

Hoje eu quero me sentir maquiavélica para ter uma estratégia definida para ser mais feliz.

Você já tem a sua?

Pessoas estrategistas muitas vezes são vistas como maquiavélicas. Não escute! Siga adiante!

Provavelmente quem lhe acusa são pessoas que não possuem nenhum projeto de vida.

Os estrategistas sofrem diversas perseguições, pois geralmente são as árvores que dão os bons frutos.

Hoje sinto-me normal e doida. Santa e pervertida. Fútil e intelectual.

Hoje sou eu 100% a voz que grita para uma gente caótica com sentimentos caóticos que "não estou nem um pouco interessada em compreender nenhuma pessoa, pois como poderia compreender um ser que nem ele próprio o compreende?"

Maquiavélico representa a obra do maior tratado que constrói o conceito de estado, contextualizando que não importa o que o governante faça em seus domínios, desde que seja para se manter como autoridade.

Defende ainda que é melhor um príncipe ser temido do que amado, sendo que o temor de uma punição faz os homens pensarem duas vezes antes de trair seus líderes. Diz também que a morte de um bandido apenas faz mal a ele mesmo, enquanto a sua prisão ou o seu perdão faz mal a toda a comunidade. O líder deve ser cruel quanto as penas com as pessoas, mas nunca no caráter material: "as pessoas esquecem mais facilmente a morte do pai do que a perda da herança".

Quantas verdades este Maquiavel escreveu no livro que foi publicado postumamente em 1532, na sua primeira edição.

Seria Maquiavel um desajustado? Se fosse não estaria vivo na história da humanidade até hoje.

Pessoas fortes são tidas como loucas porque a sua loucura representa a falta de coragem dos covardes.

Li um texto certeiro sobre relacionamento afetivo no livro do grande mestre Walter Riso, que diz o seguinte:

"Sua indecisão felizmente não me contagiou. Eu sei o que quero e quero você. Mas o quero disposto, seguro, comprometido e feliz por eu estar em sua vida. Em vez de ficar me tratando como um problema, trate-a você. Cure-se! Como você não sabe o que quer, trate de se definir. Enquanto isso, sairei com outra pessoa para viver o melhor da vida. Quando estiver pronto, ligue-me e veremos se estou disponível ou não."

Para a vida afetiva nunca li um texto mais forte e definidor.

Para a vida profissional eu diria que é mais ou menos assim:

"Eu quero fazer parte da sua empresa, mas quero uma empresa saudável e não adoecida pela falta de pessoas comprometidas, repleta de pessoas adoecidas por não saberem trabalhar em equipe e por confundirem competição com competitividade".

Eu escolho a sua empresa porque eu estou fazendo a minha parte. E você? Investe nas pessoas da empresa, capacita a liderança para deixar de se comportar como idiotas e tocadores de negócios?

Hoje eu não quero mais saber de suas dúvidas. É você quem as deve resolver, não eu.

Na disputa entre o estado e o povo, só haverá principados enquanto o povo aceita os príncipes.

E os príncipes de hoje estão todos falidos.

Hoje estamos na democracia e eu escolho ser livre.

Livre das loucuras alheias, medos e falta de convicções.

Hoje eu acordei louca para ser a doce e venenosa princesa de Maquiavel.

Eu estou fazendo a minha parte.

Mas um povo que não é livre vive aprisionado aos seus temores.

Que bom que eu não tenho medo das lutas conscientes e necessárias.

O desnecessário é ridículo. O desvario é perda de um tempo precioso e impagável.

Viva a vida!

Viva o príncipe de Maquiavel!

Viva a doce e venenosa princesa de Maquiavel!

Capítulo 8

Você se autoajuda ou se autoatrapalha?

Difícil encontrar todas as palavras para sintetizar o que desejo neste momento. Estou sempre falando nisso, mas serei redundante. É a nós que precisamos atender primeiro, é o nosso sentimento que precisa ser respeitado.

Porque é a nossa vida que será afetada caso não cumpramos esta máxima: "não dê poderes a estranhos para determinarem a forma como você se sente".

Como assim, Vanessa, se nós somos fruto de tudo o que vivemos?

Sim, é verdade. Mas você não precisa estar predestinado ao que lhe disseram, por um único motivo:

— Você tem livre arbítrio para se tornar a pessoa que quer ser ou que precisa ser. Parem de se atormentar com o que ouviram dos seus pais, tios, primos, amigos (inimigos né) ou seja lá quem for.

Isso não é autoajuda. Isso é a realidade da vida.

Ninguém ajuda ninguém que não quer ser ajudado. Então quem vai te autoajudar é você mesmo. Agora, se auto atrapalhar é demais, né?

Se você sente medo todos os dias quando acorda por não saber se será capaz de manter a sua família, se duvida da sua capacidade de manter um relacionamento quando conhece aquela pessoa maravilhosa (nem tão maravilhosa assim, somos nós que enxergamos isso), se sente que a sua aparência pode ser bem melhor do que você possui, ufa! Parabéns, você é uma pessoa normal.

Ou você acha que todos os dias nos levantamos com o pique de Mulher Maravilha?

Não seja tolo, todas as pessoas sentem algum tipo de insegurança. A diferença está no que cada um faz para minimizar este impacto.

A vida é como a competência do gerenciamento de risco. Você nunca irá eliminar o risco, pode apenas gerenciá-lo. E isso não significa eliminá-lo, o máximo que fará é reduzi-lo.

Tenho visto muito sofrimento em vão pelo o que já aconteceu nas nossas vidas. Enquanto uns preferem esquecer o que de ruim viveram, outros fazem questão de lembrar. É uma autotortura interminável contra a pessoa que você diz ser a mais importante da sua vida: você.

Isso para mim é simples: autoatrapalhamento de vida (inventei esta palavra agora).

Seja sábio. Quem não te amou, não vai te amar. O que você perdeu não voltará. O que você ouviu de ruim não pode ser apagado da sua memória. Viva o hoje e aprenda a se perdoar pelo o que não deu certo. Você não é o único. Esta é a vida de cada um de nós.

Finalizo este texto com as sábias palavras de quem não mais está conosco, mas que muito somou enquanto viveu:

"Tudo o mais é secundário" - Steve Jobs

"Seu tempo é limitado, então não perca tempo vivendo a vida de outro. Não seja aprisionado pelo dogma, que é viver com os resultados do pensamento de outras pessoas. Não deixe o barulho da opinião dos outros abafar sua voz interior. E mais importante, tenha a coragem de seguir seu coração e sua intuição. Eles, de alguma forma, já sabem o que você realmente quer se tornar. Tudo o mais é secundário."

Capítulo 9

Líderes: doentes ou adoecedores?

Em seu discurso inaugural de 1994, Nelson Mandela utilizou as palavras de um autor americano para dizer ao mundo que o maior medo do homem não seria de sua inadequação ou suas fraquezas, mas o maior medo do homem seria da sua luz, da sua força e do seu brilho.

Como consultora de diversas empresas nacionais e multinacionais, eu afirmo que "é da luz e da força das pessoas que devemos temer. A luz dos que possuem o poder de libertar ou de adoecer pessoas".

Todos os dias me deparo com as consequências destas pessoas denominadas de "personalidades fortes" que acreditam liderar times através de suas habilidades mágicas, que na verdade auxiliam a destruir a autoestima do outro.

Fazem isso através de ofensas disfarçadas de brincadeira, falta de respeito revestido de amor e ironia com cara de piedade.

Em seus discursos sem graça, sempre há espaço para a piada fora de hora que leva o colaborador a refletir:

— Eu preciso mesmo ouvir isso?

Estamos falando de líderes doentes ou de líderes adoecedores?

Estamos falando de emoções à flor da pele que levam para casa muitas dúvidas e angustiam as camas de muitos casais. Estes líderes providos de poderes indescritíveis adoecem pais e filhos, resposta de uma geração que cresce motivada pelo poder e o dinheiro, pois só isso justificaria suportar a convivência com pessoas que mal educadamente não sabem amar.

Por que faltamos com respeito com aqueles que mais amamos e precisamos?

Seria a intimidade que constrói estes caminhos que nada acrescentam a performance do indivíduo?

Por que damos o melhor para um estranho e com os mais próximos ferimos com a intenção de fazê-los crescer?

Pancada não estimula, adoece.

Falta de respeito não faz crescer, cria mágoas.

Piadas sem graça não diverte, entristece.

Amor sem limites reverte confiança em dúvida.

Eu seguirei amando, confesso.

Sou intensa, cheia de vida, gosto de olhar no olho e dizer as verdades que sinto, com cuidado, carinho e respeito.

Respeito sua incompetência, porque ela pode fazer parte do meu olhar ou do mundo repleto de criticidade que eu criei.

As empresas não necessitam de gênios para progredirem e sim de pessoas comprometidas e capazes de realizar o seu trabalho.

Respeito seu desafeto, porque acredito que você não precisa ter os mesmos valores que os meus e nem os do seu chefe.

Você também pode detestar este artigo e também pode não ter aprendido a amar. Amar como amam os grandes: Jesus Cristo, Gandhi, Irmã Dulce.

Líderes precisam de resultados, pois são de resultados que vivem e sobrevivem as empresas.

Líderes deveriam saber obrigatoriamente que resultado advém de relações saudáveis, de lealdade gerada por respeito e diplomacia.

Líderes deveriam lembrar como a criança aprende a andar: engatinham, tentam levantar, tropeçam, caem, olham para o lado e procuram alguém que diga "levanta você consegue". E percebendo o olhar de insegurança da criança, vão até elas e suavemente lhes dão a mão.

Crianças não aprenderiam a andar sem a mão que direciona e afaga. Adultos também não.

Boa reflexão.

"Nunca vi ninguém ser rebaixado, demitido ou preterido por causa da falta de competência técnica. Mas tenho visto muitas pessoas serem prejudicadas por causa de precariedade de julgamento e caráter".

Warren Bennis

Capítulo 10

O truque que nos engana diariamente

Diariamente seguimos com a missão de tentarmos compreender as pessoas. Acreditamos que a nossa experiência vai nos ajudar a viver melhor e a compreender tudo e a todos. Mas a verdade é que diversas situações nos mostram que sabemos bem menos do que acreditamos saber.

O nosso senso comum nos guia diariamente e, cuidado, engana-nos. Como uma artimanha contínua, o senso comum faz leituras ultrapassadas e gera conceitos desconexos com a realidade.

Senso comum é uma espécie de inteligência social, arraigada aos nossos costumes, cultura e bom senso social. Digamos que você sabe o que fazer e o que não fazer na presença do seu chefe, claro! O seu senso comum te alerta para isso. O problema é que acreditamos em muitas coisas repassadas culturalmente desde que nascemos. Quer ver?

Acreditamos em ditados populares como: "o que está longe dos olhos, está perto do coração" e, ainda, "o que os olhos não veem, o coração não sente".

Como assim? No que de fato você acredita? No primeiro ou no segundo ditado popular?

Este é certamente um truque que nos engana diariamente, pois utilizamos tudo à nossa volta em nosso favor. Dependendo da situação, escolheremos o que for mais conveniente para nós.

Vivemos repletos de crenças contraditórias que estão à disposição em qualquer tempo e hora para aquilo que queremos acreditar.

Existem ditados para tudo na vida.

Quer gastar mais do que ganha?

"Nós temos que viver bem é hoje, pois não sabemos o dia de amanhã. Carpe diem! "

Quer economizar?

"Quem poupa sempre tem nas horas difíceis. "

O papel do nosso cérebro é justificar tudo o que fazemos, pois ele armazena um conjunto de informações que são utilizadas na hora certa. E quem é que acessa estas informações? Você.

Podemos acreditar que amamos quem não amamos se formos pessoas solitárias e carentes.

Podemos acumular uma mágoa sem fim. Se eu tiver alguém do passado para canalizar esta mágoa, levarei a pessoa ou situação que eu escolher para qualquer outra história da minha vida.

Podemos acreditar que somos felizes, fazendo o jogo do contente e se entupindo de comida, com muito sexo e rock and roll. Podemos acreditar em qualquer coisa, basta querer.

Nossas vidas são movidas pelas crenças que possuímos. Cuidado para que a sua fantasia não se torne maior que o personagem, porque ao longo dos anos isso dói.

Ao nos oferecer explicações sobre tudo ou quase tudo (para nos enganar), vamos ganhando confiança, motivação para viver e assim nos livramos da obrigação de investigarmos realmente como nos sentimos na empresa em que trabalhamos ou na relação afetiva em que vivemos.

O mais danoso nesta história é que pensamos ter compreendido coisas, que na verdade só se esconderam de nós com respostas plausíveis. Pois na vida real temos uma vida tão surpreendente e sem respostas para a maioria dos fatos e sentimentos que nem podemos relatar.

Eu continuo escrevendo para tentar entender. E você, o que faz?

Cuidado com o nosso senso comum. Em alguns momentos ele pode ser um truque que nos engana diariamente.

Capítulo 11

Os três mandamentos dos encontros malsucedidos

Eu não tenho a menor vocação para ficar amargando blá-blá-blá de ninguém. Minha marca registrada é espontaneidade e objetividade, portanto, desde que fiquei mocinha, sigo a vida analisando os encontros malsucedidos e respondendo de forma proativa diante da vida: libertar a mim mesma pelo o que passou.

Tenho visto como a humanidade tem agido de forma irresponsável entrando e saindo de forma arbitrária da vida das pessoas e muitas vezes desestruturando indivíduos que não possuem a autoestima elevada.

Se não deu certo, não é porque existe alguma coisa ERRADA com você. Aprenda a aprender com todas as experiências frustrantes que vivencia. Iremos percorrer este caminho diversas vezes. Se não deu certo é porque não tinha que dar. Simples assim.

Portanto, os três mandamentos dos encontros malsucedidos são:

O primeiro mandamento é o mais poderoso:

As pessoas sempre tentam nos fazer acreditar que, quando um encontro não deu certo, é porque existe algo de errado com a gente.

Ora, para definir algo ou alguém como ERRADO, seria necessário ter as especificações definidas do que é CERTO. Não acham?

Como caracterizar algum comportamento errado se existem evidências de que este indivíduo já conviveu muito bem com alguma outra pessoa?

Simplesmente quando alguém quiser lhe fazer acreditar que a pessoa ERRADA é você, existe algo muito claro neste contexto.

Você é a pessoa errada para ele ou ela. Pois são dois universos se encontrando com todos os seus diferentes ângulos, a sua visão de mundo, a sua genética e seus traços de personalidade, além da cultura em que foram criados. E se há um grande choque inicial, está evidente que os VALORES são distintos. Só isso.

Caminhe mais um pouco que logo irá encontrar alguém que possua valores parecidos com os seus e certamente, para esta pessoa, você não seria a pessoa ERRADA.

Vamos aos exemplos. Adoro os exemplos, eles clarificam tudo.

Conheço uma amiga que gosta muito de sexo e precisa muito de sexo. É uma pessoa normal, mas sexo para ela é algo fundamental em uma relação. Ela conheceu um rapaz que é morno, não se interessa muito por sexo e ainda teve a falta de respeito (eu que considero isso falta de respeito) de ir para a cama com a mulher e não se preocupar em satisfazê-la.

Óbvio que, para este casal, o conceito é "ela é tarada e ele é frio". Mas não é nada disso, simplesmente a escala em que o sexo está estabelecido na vida de ambos são distintos, só isso. Inclusive ela já conheceu alguém muito pervertido e ele deve estar caminhando para ter uma vidinha morna sexualmente, o que seria muito bom para ele.

Tudo isso foi escolha de cada um. Percebem a diferença?

O segundo mandamento nos ensina que a grande lição é tirar proveito de tudo do que você vive, independentemente de ser bom ou ruim.

Vocês concordam que são nas nossas piores histórias que se encontram as grandes lições das nossas vidas?

Quem sabe o último encontro que você viveu serviu para te alertar sobre alguma coisa que você não deve fazer daqui em diante?

Eu passei por uma situação engraçada há alguns anos. Quanto mais o outro descobria o quanto eu sou forte, mais ele se afastava de mim. Claro que isto mostra a insegurança do outro em relação a quem é forte e vive sem receios de ser rotulado ou vive alucinadamente. Eu sou uma destas pessoas que vive alucinadamente ou intensamente. Lembrei-me de um amigo que conheci na última viagem para Mato Grosso, ele tinha noventa anos e se chama Afonso. Quando eu o conheci, lhe disse:

— Eu quero chegar aos noventa também.

Logo ele exclamou:

— Você tem que viver alucinadamente. E viver assim é para os fortes.

Quanto ao segundo mandamento, extraia lições necessárias para a vida e não para um momento específico. Quem sabe você não adota novas regras para a sua vida após um encontro malsucedido? Ou, então, quem sabe você faça exatamente o oposto?

— Reforce ainda mais a sua forma de viver.

Diante de um encontro malsucedido que tive, estava muito claro que eu não queria ponderar o ponto de vista do outro, a cultura do outro e a forma esquisita de viver do outro.

Fuja de pessoas que não gostam de carinho, certamente elas não receberam o suficiente e não sabem como lidar com isso. Eu fui criada em uma família barulhenta. Minha mãe jogava os filhos na cama e dava beijos até faltar o fôlego dela e o dos filhos. Até hoje eu vou à cama do meu filho mais velho, que já tem 1,74m de altura, e digo a ele:

— Filho, mamãe te adora e você é muito importante para mim! Ele já deve estar cansado de ouvir isso, mas certamente estou criando um padrão de comportamento para ele.

Não se submeta a ter menos do que precisa em uma relação, acreditando que depois ele ou ela muda. As pessoas são como são e você não irá mudar isso.

E o terceiro mandamento ensina claramente que se não deu é porque não tinha que dar certo e pronto.

Você acha que pode brincar de Deus na Terra? Acha que tem o poder de tudo?

Os projetos são seus, mas o consentimento pertence a Deus e ponto final. Não queira entender, isso daria muito trabalho.

Corra, prepare-se para os novos encontros. O que passou não volta mais e será que você quer passar a vida pensando em algo que não deu certo?

Isto é uma armadilha psicológica. Fuja!

Seja feliz, lute por você!

Resumindo esta crônica:

— Uns gostam de sexo, outros gostam de cerveja. Uns preferem fazer esportes e outros preferem dormir. Uns gostam de aventura e outros preferem a monotonia.

A dinâmica da vida será sempre assim e você não pode alterá-la.

E você, o que prefere?

Eu confesso que não responderia. Brincadeirinha.

Eu fico com o trio sexo, doces e *rock and roll*.

Capítulo 12

Quero mesmo é ser campeão de mim mesmo

Hoje em dia todas as revistas, os livros, as músicas e palestras (inclusive as minhas), utilizam a palavra campeão para fazer um chamado à vitória pessoal e profissional.

Primeiro que o pessoal e o profissional não são desmembrados. Somos e seremos sempre um ser uno.

Segundo que estamos querendo ser campeões do que mesmo?

Estou tão cansada destas dicas de sucesso. Que sucesso?

Sucesso para mim é ser feliz do meu jeito. É poder dormir tranquila e conviver em paz com o espelho.

Que horror às dicas das revistas para disfarçar as imperfeições na hora do sexo. Imagina que eu vou ficar me preocupando se a celulite está aparecendo, se o músculo da barriga aparenta flacidez. Deus me livre! Eu prefiro os orgasmos do que a estética. Prefiro viver bem!

E viver bem passa longe de ter que comer folha todos os dias, comer uma maçã para limpar os dentes, beber água em jejum para purificar o organismo, comer grãos não sei do quê e andar a pé por toda Machu Picchu para encontrar-se com Deus.

Acho estas coisas muito complicadas de manter. Prefiro encontrar-me com Deus no meu quarto enquanto faço as minhas orações. É mais perto, barato e dá menos trabalho. Sem falar que sou meio preguiçosa para estas longas caminhadas. Da última vez que fui à Chapada dos Guimarães, contratei um passeio e fiquei esperando o carro chegar. Ele nunca chegou: o passeio era a pé. Estou cansada até hoje.

Nunca soube que a minha avó fez algum tipo de exercício vaginal, comeu grãos para rejuvenescer ou dormiu com um ácido no rosto para ser mais feliz. Depois do ácido, acordamos horrorosas e não podemos nem chegar perto do sol.

Imagina isso para mim que moro no Nordeste. Definitivamente não dá.

Não dá para decidir tudo ao mesmo tempo, não dá para ser a mãe perfeita todos os dias e não dá para acertar sempre no trabalho.

Também não consigo dominar cinco idiomas e saber tudo sobre vinhos chilenos, argentinos ou sei lá de onde devem vir.

Quer saber? Quero mesmo é ser campeã de mim mesma.

Se eu conseguir vencer a minha *preguicinha* que aparece de vez em quando, a minha falta de motivação para atividades físicas e as vezes em que fico tão estressada ou cansada (ainda não sei) que peço aos meus filhos para me deixarem em paz por algumas horas... Se eu conseguir vencer "só" isso, já ficarei satisfeita.

Eu não quero ser super-herói de nada.

Ninguém irá lembrar por muito tempo do que fiz. Irão chorar no meu enterro apenas no dia da minha morte e talvez os meus filhos chorem por algumas semanas. Logo irão compreender que não podem chorar o resto da vida por quem foi tão feliz em vida.

Eu sou feliz fazendo o que faço, mesmo que em alguns momentos eu me sinta triste e sem forças para continuar. Mas nunca irei cobrar de mim mesma ser forte todos os dias. Não se faz isso com ninguém.

Aceito as minhas imperfeições, aceito as minhas manias e aceito não ser campeã todos os dias.

Ser campeão é lutar quando temos forças, buscá-las quando não as possuímos e se render quando isso te trouxer paz.

Ser campeão é viver em paz. Em paz com você mesmo.

Pense nisso!

Capítulo 13

Parem de nos dar conselhos

Os chatos adoram dar conselhos. Entenda-se por chato aquele indivíduo que se sente uma enciclopédia ambulante e que acredita (só ele acredita nisso) que na vida dele tudo deu certo.

Adultos não gostam de conselhos. Ah, e eles não funcionam.

Por quê? Porque os seus conselhos foram construídos a partir dos seus filtros – valores, crenças, cultura, religião, etc. Muitas vezes, o outro nem possui consciência de que precisa mudar alguma coisa em sua própria vida.

Mas o pior do grupo de conselheiros que existe por aí, e são muitos, é que ele quer nos tirar o que há de mais andragógico (metodologia de ensino para o adulto) nesta vida: o nosso direito de errar. Se entrarmos neste papo profundamente, o que é certo e o que é errado, aí não vou finalizar o texto. Então que fiquemos nos conselhos que não funcionam.

Temos dois motivos justos para não gostarmos de conselhos:

★ Temos o direito de errar;
★ Queremos experimentar o que estamos fazendo.

Dá licença?
Que coisa mais chata é aquela criatura sarada, que chega bem na hora que estamos comendo um doce e diz "Humm... Saindo da dieta, hein? Sabe quantas calorias tem isso?"

Eu não quero saber. Escolhi o doce, tenho o manual contendo todas as calorias em casa e quero aquele prazer. Por isso sentei para comer o doce.

Mas isso não é nada. Diante da célebre frase "você precisa economizar para a velhice. Anda gastando muito".

Meu amigo, ninguém solicitou consultoria financeira bem na hora em que estamos nos dando de presente a viagem dos sonhos. Compro revistas sobre as ilhas gregas há anos e justamente agora que vou conhecer o meu paraíso, aparece o consultor financeiro ambulante e me diz uma coisa dessas?

Ah! Conselhos são tão inúteis que nossos pais nos disseram tudo certinho desde que nascemos, mas nós fizemos tudo diferente. E não é que deu certo?

Parem de nos atormentar com os seus conselhos sobre quase tudo que dá certo, porque eu quero errar de vez em quando. Não posso aprender se não tiver o direito de conhecer o caminho obscuro.

Hoje há conselheiros em todas as áreas, mas, graças a Deus, com maturidade podemos adaptar as definições sobre estes conselhos em cada área da nossa vida:

* Gastar demais pode ser investir em qualidade de vida;
* Transar demais pode ser vitalidade e transar de menos, espiritualidade. Até brochar pode ser apenas ansiedade;
* Mudar de emprego pode ser defendido como testar a empregabilidade;
* Trocar de marido ou de mulher pode ser buscar a felicidade.

Ilusão, viu? Além de ser muito cara essa opção, a felicidade é pessoal e autoconstrutora. Ninguém vai entregá-la ou fazer você experimentá-la.

Conselhos são tão inúteis que é enorme a desproporção numérica entre dar e pedir conselhos. Quase ninguém pede, mas a maioria recebe.

"Vanessa, não seja maldosa. Dou conselhos só para ajudar.

Ok, então tente se lembrar do último conselho que deu a alguém. A pessoa cumpriu?

Também lembro do último que me deram:

"Não viaje duas vezes por ano para o exterior". Eu viajei três. E podem acreditar, foi o melhor investimento da minha vida. Agora vivo de malas prontas.

Não adianta, só o faça quando for solicitado.

Não seja tão chato. Ninguém gosta.

E sabe aquele sorriso que damos, acompanhado da célebre frase que usamos quando alguém nos diz um conselho que nunca iremos cumprir?

"Obrigado por se preocupar comigo". No fundo queremos dizer o seguinte:

"Agradeço que queira o melhor para mim, mas nesse momento o melhor para mim é fazer tudo ao contrário".

Lembrei-me de quando disse a um cliente:

— Você é feliz. Tem uma família linda.

Ele respondeu:

— Eu sou feliz porque tenho um grande amor para recordar. A família perfeita fica ótima na fotografia e nas festas de final de ano, mas, quando estou sozinho comigo mesmo, tenho saudades das emoções que vivi e que ainda acredito que terei ao lado de quem realmente amo.

Meu conselho ficou pequeno demais diante da grandeza deste homem em admitir sua vulnerabilidade. Todos nós as possuímos.

Não queiram se apresentar como super-heróis, ninguém acredita neles.

Não sejam chatos quando o seu colega enfiar o pé na jaca da próxima vez. Talvez ele queira isso, talvez ele precise disso.

Capítulo 14

O fantástico mundo das percepções

Shakespeare fez Hamlet dizer, em alguma cena que não recordo ao certo, "nada é bom ou mau, é o pensamento que o torna assim".

Como investigadora incessante acerca da felicidade do indivíduo, afirmo sem nenhuma dúvida que o mundo à nossa volta possui pouco impacto sobre as nossas emoções. Não é o objeto o fator determinante, mas a nossa percepção direcionada aos fatos.

Ou seja, o nosso pensamento reveste tudo à nossa volta e tudo à nossa volta terá o significado que imprimimos ou atribuímos.

Resumindo, não é a realidade que importa, é o que estamos vendo que importa.

De fato, não há nada bom ou mau, não há nada normal ou anormal. Quem decidirá o julgamento para qualquer coisa é o seu olhar diante da vida.

É a nossa percepção que rege a orquestra da vida. Isto se mostra nitidamente quando estamos amando, pois tudo se torna pleno e radiante. Se estivermos com amargura, rancor ou raiva em nossos corações, a vida torna-se injusta e cruel para conosco.

Percebem o poder que temos em nossas mãos?

Inúmeras pesquisas científicas comprovam que o ter não traz felicidade a ninguém. E quando analiso o poder do ter, a primeira coisa que penso é que é óbvio que não podemos ser felizes ao comprar um carro zero, porque a partir do dia seguinte ele não é mais zero. E ao passar de um ano, ele é um carro seminovo.

A roupa nova também se tornará roupa velha. A namorada nova se tornará uma namorada chata e velha.

O que é novo dura frações de segundos. Por isso logo nos traz o vazio. E para este vazio existencial que atormenta o homem com a sua mente inquieta e recheada de conquistas não há preenchimentos plenos.

Tão logo pensamos em alguma coisa, já incorporamos às nossas emoções. Por isso somos capazes de sentir saudades. Porque o pensamento nos leva às sensações que buscamos.

É interessante como o sentimento de felicidade alimenta, como é pleno, como é confortante. É um sentimento de bem-estar que pode e deve ser prolongado.

Já a infelicidade é confusa, vazia, inquieta, sem foco. É agitada. Por isso o ser infeliz é amedrontado pelas suas próprias linguagens cerebrais, pelos comandos dados à sua mente. O ser infeliz possui a triste percepção de que ele faz parte de um mundo cruel, competitivo e triste.

Você só pode enxergar aquilo que possui em si. Você só pode compreender até onde a sua visão de mundo permite.

Portanto, a partir de hoje, não julgue o comportamento das pessoas à sua volta, porque estará julgando um terreno que você desconhece: as emoções do outro.

Como condenar aquilo que é desconhecido para você? Como se sente no direito de fazer uma leitura sobre o mapa do outro?

Ou seja, eu enxergo até a ponte X e você enxerga até a ponte Y. Quando eu avistar uma ponte Z, posso não a compreender.

Ora se vejo o mundo de acordo com a minha percepção, o mundo que vejo não é o mundo que tentas me mostrar. É o mundo que eu quero enxergar.

E muitas vezes esta crença é tudo o que o outro possui para sobreviver. Criticar os outros é confirmar a crença que temos sobre nós mesmos. Desaprovar ou condenar a conduta de alguém nos exime de problemas, porque automaticamente transfiro para o outro a responsabilidade do mal-estar.

E o problema passa a existir fora de mim. Assim não preciso fazer nada para resolvê-lo.

Fácil não?

Todos se esforçam bastante para acertar.

Pense nisso!

Capítulo 15

Acreditar ou confiar?

O ser humano tem mesmo é necessidade de acreditar.

Acreditar que amanhã será melhor que ontem, que a pessoa que estamos hoje é melhor que a outra que passou na nossa vida, que o emprego atual é melhor que o anterior, que iremos emagrecer, enriquecer ou sermos mais feliz no ano que virá e que as nossas esperanças serão renovadas.

O negócio é acreditar.

As entrevistas no final do ano sempre mostram a quantidade de creditações pessoais que o homem almeja.

Mas o que nós precisamos saber é que o importante não é simplesmente acreditar e sim confiar. Confiar em quem somos e não perder a confiança por mais difícil que seja o momento que estamos vivendo.

Porque, se hoje não estiver difícil, acredite, alguma hora vai estar.

Acredito que a necessidade de acreditar advém da necessidade de encontrarmos um refúgio psicológico. Este lugar incrível que buscamos podemos chamá-lo de esperança.

A esperança sempre moveu o homem de alguma forma, pois todos têm a esperança de melhorar a cada dia, sob qualquer aspecto. Mas a esperança só existe quando, além de acreditarmos, confiamos.

Para confiar precisamos primeiro enxergar uma possibilidade. Depois de constatada esta possibilidade que podemos chamá-la de expectativa, aí sim começamos a confiar. Mas o principal requisito para confiar é a certeza do envolvimento com aquilo que almejamos.

Se não enxergamos compromisso e envolvimento, logo deixamos de confiar.

E isso não acontece só no âmbito intrapessoal. Não esqueça que em todas as relações interpessoais estamos gerando conceito, como se tivéssemos dando motivos ou não para as pessoas confiarem em nós.

Agora reflita. Será que as pessoas à sua volta confiam em você? A sua empresa possui motivos para confiar em você? Qual o conceito que você gera todos os dias diante dos que te conhecem? Se existisse uma razão pela qual as pessoas não confiassem em você, qual seria?

Porque muito mais triste do que as pessoas não confiarem em você, sabe o que é? É quando você passa a não acreditar mais em si próprio. Pois você é a única pessoa capaz de transformar o emprego atual no melhor, o relacionamento atual no mais incrível e o dia de amanhã em algo infinitamente melhor que hoje.

Somente você pode transformar os seus sonhos em realidade.

Porém, muitos de nós estamos perdidos. Perdidos nos nossos próprios desejos, nos caminhos tortos que construímos, nas escolhas incertas que nos inquietam.

Nunca esqueça: para encontrar o que você procura, é necessário entender o que você está buscando.

Choramos, lamentamos e sofremos uma dor que sequer sabemos de onde vem e o que poderia saná-la. Talvez seja apenas o vazio existencial existente em cada um de nós. Talvez seja você procurando aquilo que não te satisfaz, talvez seja você calçando o sapato menor do que pode ter ou tentando entrar por uma porta que não quer se abrir para você. Pare de dar cabeçadas na vida, pare de sabotar o seu bem-estar.

Se você confiasse mais em você, teria sofrido menos, chorado menos e se alegrado muito mais.

Se você parasse de acreditar que tudo de bom vai te acontecer e começasse a ter mais confiança em você, aí sim, você aprenderia a descomplicar a vida e entender definitivamente que somos sós e que os frutos que colhemos são proporcionais ao nosso desempenho. Sempre será assim na lógica da vida.

Portanto, você precisa decidir:

"Acreditar ou confiar mais você?"

Afinal, viver ainda melhor depende de quem?

Capítulo 16

Aprendendo a perder

Se for para perder, vamos perder com dignidade. Será que faz sentido perseguir alguém que já foi ou algo que não quer mais pertencer a você?

A verdade é que algumas coisas já estão perdidas, independentemente do nosso desejo ou esforço.

Escritores de autoajuda (eu me incluo parcialmente nisso) ensinam as pessoas diariamente o quanto elas podem fazer para alcançarem os seus objetivos.

Tudo bem, eu entendo, acredito e aceito esta condição, mas em partes.

Agora eu estou falando daquilo que já está perdido e inutilmente ficamos dando voltas, nos enrolando, nos iludindo e principalmente nos machucando para conseguirmos reaver aquilo que não possuímos mais o controle.

No momento de elevada tensão, o que sequer temos a noção é de que já foi, não volta mais.

Temos que sair com dignidade da vida das pessoas ou organizações.

Se nos deram crédito para entrar, temos que deixar saldo na hora de sair.

Aprender a perder é algo como compreender aquilo que depende de mim e o que NÃO depende de mim.

Por exemplo, ser amado por alguém não depende de mim. Horrível aceitar isso, mas é verdade. Há pessoas que, por mais agradáveis que sejam, não conseguem iniciar a química, física e biologia que são necessárias para nos envolvermos com alguém.

Existem outras que inexplicavelmente olhamos para ela e parece que ficamos CONECTADAS, embriagadas de desejo e por alguns instantes temos a sensação de pertencê-las.

Isso nunca terá explicação. Sempre será assim.

Lembrei-me de quando tinha quinze anos e um colega de escola se apaixonou por mim. Ele era o melhor da turma em notas e conduta. Era o mais prestativo, sempre alegre, sempre me fazia me sentir como uma princesa. Mas eu nunca fui capaz de sentir verdadeira paixão ou amor por ele. Fui amada por este rapaz durante uns cinco anos e até hoje quando nos encontramos ele pergunta porque não teve chance.

Não sei! Nunca saberemos, simplesmente funcionamos assim. Precisamos nos libertar desta culpa de tentar entender o motivo. Talvez não existam motivos tão sólidos, talvez estes motivos nada tenham a ver com o nosso valor. Geralmente não têm.

A fé cega muitas vezes machuca e esta história de que vale tudo em nome do amor ou da espontaneidade precisa ter limites. Os nossos limites.

A força habita com quem possui menos medo de perder.

Toda relação precisa nascer de duas vontades, de dois desejos, de dois querer, de duas esferas, uma que se abre e a outra que se encaixa.

Imagine a cena de um candidato que faz uma seleção para coordenador industrial. Daí não é chamado, pois a empresa procura outro perfil. Mas de repente ele começa insistentemente a querer provar que ele é o cara certo. Ridículo! Já foi eliminado.

Não importa o quanto esperneamos ou nos indignemos para sermos aceitos. Algumas pessoas não irão nos aceitar.

Você pode aceitar isso?

Agora imagina o tempo que perdemos investindo energia para convencer alguém daquilo que essa pessoa já está convencida de nos abandonar.

Recentemente acompanhei o processo de um cliente que já sabia que teria de desligar um gerente pela falta de competência para o cargo, porém as duas partes ficaram se enganando e se machucando por algum tempo.

De repente, a empresa começou a estabelecer prazos de dois meses, um mês e, por ultimo, de quinze dias para o cara mudar. Era óbvio que ninguém iria mudar em quinze dias o que não modificou em nove anos.

Neste período de "enganação" mútua, um poderia ter investido em outra pessoa para o cargo e outro em uma nova empresa.

Ninguém merece este processo de dar em nada.

Ah, o cara foi desligado. Eu já sabia que seria. Todos já sabiam, inclusive ele. Apenas perderam suas energias tentando convencer o que não há convencimento.

Toda relação é de dois, precisa ser de dois. Não esqueça.

Quando nos desesperamos, na verdade, muitas vezes nem é pela pessoa ou pela empresa. É o apego àquilo que o outro ou a empresa nos proporciona. Pois muitas relações profissionais e pessoais já nem proporcionam tanta coisa assim.

Acredito que quando existe apenas uma parte querendo permanecer em uma relação profissional ou pessoal, a ruptura é o melhor remédio para ambas as partes.

No caso do desligamento do gerente, foi um alívio para ele ter que parar de tentar de provar que ele poderia ser alguém que efetivamente ele não poderia!

A cada tentativa de convencer alguém ou alguma empresa a ficar conosco, nós nos humilhamos, atingimos a nossa autoestima em cheio e começamos a viver de forma vulnerável e infeliz.

A infelicidade é agitada.

Somente a felicidade e o bem-estar é que vivem em paz. Por dois motivos: reconhecem o seu valor e morrem de amores por si mesmos.

Acho que vou fazer uma campanha de amor próprio. Imagine termos nas empresas uma plaquinha escrita assim:

"Eu morro de amores por mim e não darei poder a você para desestabilizar tudo o que construí".

Resumindo, falta amor, mas não é amor pelo o outro (esse apego é doença). Está faltando amor a nós mesmos.

Se tivermos que perder, retire-se com dignidade.

Capítulo 17

Desejo, vontade e necessidade

Luís de Camões escreveu de forma esplendorosa:

O amor é fogo que arde sem se ver
É querer estar preso por vontade
É servir a quem vence o vencedor
É ter com quem nos mata lealdade.

Alguns sentimentos me inquietam a alma, mas nada posso afirmar, apenas discorrer sobre sentimentos que se transformam em desejo, vontade e, quando mal administrados, podem chegar a necessidade.

Sempre recebemos muitos e-mails nos períodos de final de ano que falam de amores, verdades, mágoas, perdões e neles estão mensagens não ditas no cotidiano. Tem sempre alguma mensagem sublimada em cada *click* de "enviar".

Vamos analisar as três palavras que nos acompanha neste final de ano, a começar pelo desejo.

Desejo deriva-se do verbo desidero que, por sua vez, deriva-se do substantivo sidus (mais usado no plural, sidera), significando a figura formada por um conjunto de estrelas, isto é, constelações.

Que origem linda de uma palavra que utilizamos para evocar aquilo que sentimos quando estamos vazios de vida, fogo, e queremos preencher, talvez, por um conjunto de estrelas.

Quem muito deseja gera muitas possibilidades. E neste emaranhado temo que este excesso de oferta torne a sociedade incapaz de fazer escolhas. Afinal, a escolha ocorre por critérios. E critério significa separar o bom do mau, significa juízo, raciocínio e discernimento.

Quanto mais desejos e ofertas, mais fácil seguir pelo caminho do prazer e não necessariamente do que me faz feliz.

Desejo é apenas desejo e assim tem que continuar sendo. É um arrebatamento por um conjunto de estrelas (definição sem valor, eu criei agora).

Neste final de ano é tempo de refletir sobre os seus critérios para o novo ano.

O que você irá abandonar, abraçar, ousar, escolher doar-se?

E nossas vontades? Vontade significa agir com intencionalidade definida.

Vejamos, a carência define os nossos objetivos. Então é a ausência que molda as nossas vontades.

Você tem vontade de quê?

Não esqueça que o equilíbrio não está em vivenciar qualquer coisa, mas fazer escolhas sabendo que nem toda escolha é válida para o nosso bem.

Desejar sem critério é preenchimento de vazio e você precisa parar para descobrir qual é o vazio.

Camões disse que o amor é querer estar preso por vontade.

Ah! Camões, que loucura entender e mensurar os caminhos do amor.

Mas falar de amor é possível, o que não é possível é explicar o fogo das paixões.

A paixão é desequilibrada, consome tanta energia que não conseguiríamos seguir ao lado de alguém com paixão intensa.

Só o amor pode nos fazer conviver com o objeto amado.

Mas primeiro amamos a nós mesmos e só depois ao outro, pois a ausência de amor a nós gera infelicidade na vida do outro.

Quem tem um grande amor sabe do que falo. Ele não precisa acordar ao nosso lado, ele não precisa sorrir, agradar ou favorecer. Ele existe!

Adormece e amanhece na nossa companhia.

É lealdade, é vencedor.

E como seria deselegante com o amor se esse desejo fosse só uma vontade que virou necessidade.

Não! Não empobreça o seu amor.

Não se apequena a alma desta forma.

Necessidade é apenas um estado de carência que precisa ser suprida. Mesmo sabendo que todos carecem de afeto, alegria e amor, não temos a necessidade de nos apegar ao que é dor.

O amor não causa dor, a paixão é que é dolorida dolorosa e sofrida. Porque é insana.

Eu acredito em pontes, eu acredito em Camões e Drummond.

Não podemos confundir; desejo, vontade e necessidade, isso nos faria fazer as escolhas erradas.

Vamos fazer uma pausa neste momento:

— Quais os desejos que você nunca contou a ninguém?

Se você pudesse, como faria para realizá-los? Como se sentiria?

Se você não tivesse mais 48 horas de vida, se tivesse apenas seis horas de vida, o que você faria? Quem procuraria? E por que faria?

Grande descoberta: Esse é o seu real desejo.

Capítulo 18

A nossa missão? Evoluir. Simples assim

Semana passada, ao escrever sobre felicidade, recebi muitos e-mails, mas um em especial chamou a minha atenção. Um cliente querido escreveu:

"Vanessa, nós não estamos aqui para sermos felizes. Estamos aqui para evoluir".

Caríssimo, como sou exageradamente feliz, eu escolho os dois.

Quero ser feliz, porque sou merecedora e, sem dúvida nenhuma, sei que estamos aqui para evoluir.

Perguntei para algumas pessoas a definição de evoluir e obtive respostas interessantes:

* Evoluir é mudar aquilo que não serve mais.
* Evoluir é abandonar aquilo que amamos, mas que não satisfaz.

★ Evoluir é ter que partir para um porto melhor, mesmo que seja inseguro.

Segundo o dicionário, evoluir é sofrer transformação ou progredir.

Estas palavras não especificam o real objetivo de evoluir, pois transformar ou progredir não detalha este processo.

Então, cabe a esta pobre mortal discorrer sobre este tema tão necessário em nossa existência.

Lá na escola, cada vez que passava de ano, estávamos progredindo, certo?

Quando passou no vestibular, quando concluiu a faculdade, você estava evoluindo.

Depois começamos uma caminhada confusa, regada de conquistas que confunde o objetivo de evoluir com o de adquirir poder.

Parece que a evolução da vida adulta nos impulsiona para uma mudança em direção à obtenção de coisas. E neste processo vamos esquecendo a razão de virmos até aqui.

E aí começamos a praticar o oposto de evoluir que é o apego, já que para evoluir temos que praticar o desapego. Como é que nós vamos evoluir sem nos desapegar daquilo que nos satisfazia anteriormente?

A luta é diária, o mais difícil neste processo é simplesmente enxergar.

Enxergar que aquele caminho não te levará a lugar nenhum, enxergar que a pessoa que está ao nosso lado já não soma em nossas vidas, enxergar que você é um líder menor do que poderia ser.

Enxergar que é hora de mudar.

É difícil enxergar a hora da dor. A maior dor é agir diferente do que fomos aprendendo durante a nossa existência.

Evoluir é perceber que não podemos mais agir irresponsavelmente entrando na vida das pessoas e saindo segundo a nossa vontade.

Afinal, quem evolui possui autorresponsabilidade e só produz no outro aquilo que pode amparar ou fazer cessar.

Evoluir é entender que enquanto estou no papel de líder, sou um agente de influência, sou o primeiro a dar o bom exemplo.

Porque os folgados, quando sobem de cargo, acham que ganharam mordomias.

Os evoluídos compreendem que ganharam responsabilidades.

Os que enxergam a necessidade de evoluir vão sofrer para trocar a noitada pelo silêncio da noite ao lado de alguém que te ama. Irão trocar os impulsos pela razão. Mas escolhem.

Para mudar é preciso desadaptar-se. Eita, que isso não é fácil, viu?

Só irá evoluir quem o fizer de forma consciente, focado no real motivo desta evolução.

O aperfeiçoamento da sua vida é fruto de um esforço diário em tornar-se um ser humano melhor. E como seria este ser humano melhor?

* Alguém que vigia suas palavras e até os seus pensamentos, pois nossas palavras podem prejudicar pessoas inocentes. No momento que emitimos uma opinião sobre alguém, esta opinião é nossa e você não tem o direito de reproduzi-la como uma verdade.
* É também alguém que, antes de julgar os atos de uma pessoa, entra na cabeça dela para compreender como ela construiu a sua realidade. Entrar na mente do outro é compreender que ele é livre para conduzir a vida da forma como acredita ser certo.
* Ser melhor é ser parceiro, é dar a mão quando o outro tiver quebrado, pois se ele estivesse forte não precisaria de você.
* Ser melhor é fazer o que for necessário para nos separarmos do pecado. A Bíblia fala que a proximidade de Deus só é possível quando estamos livres do pecado e o pecado é tudo que provoca o mal ao outro.

Divido com vocês que o mês de setembro de 2012 foi o mês de maior impacto em minha vida nesses últimos dezesseis anos.

Neste mês vivi a grande virada que não programei viver. Dificilmente programamos.

Mas ela veio. E com esta transformação deve vir uma grande lição, pois o senhor só nos permite viver aquilo que somos capazes de suportar.

Portanto, diante de sua evolução, diga baixinho ao Senhor:

— Eu recebo.

— Eu não compreendo, mas aceito.

— Eu te agradeço por tudo que me fazes passar.

Este é o preço da transformação. Mudar é deixar para trás grandes coisas, grandes feitos e partir para realizações mais animadoras e eficazes.

Na minha grande virada, eu preciso ser forte, eu preciso ser responsável e eu preciso gritar ao mundo que evoluir é um processo doloroso e libertador.

Durante a tempestade parece que a escuridão insiste em nos cegar e desencorajar daquilo que precisa ser feito.

Devagar tudo vai clareando e você enxerga que a grande virada está presente todos os dias em nossas vidas. Simplesmente não acessamos o estado necessário para prosseguir.

Agora reflita só um pouquinho:

* O que eu preciso abandonar no dia de hoje para evoluir?
* Quais convicções que necessitam ser mudadas?

Capítulo 19

Quem tem medo da vida?

Enquanto adultos, aprendemos que na vida precisamos de coragem e esforço para sobrevivermos.

Mas durante a nossa trajetória ensinaram-nos apenas disciplinas na escola. Estas, inclusive, que eu julgava essencial na adolescência e que nos serviu, apenas, para passar no vestibular.

E novamente nos bancos da universidade aprendemos mais coisas. Coisas que nos acrescentarão na construção da nossa vida material. Aliás, parece que nos ensinaram a vida inteira para construirmos algo na nossa vida que gere a sobrevivência física em todos os seus amplos aspectos.

Depois dos quarenta anos e mãe de três filhos, vejo-me repetindo os mesmos erros de meus pedagógicos instrutores.

Só aprendi sobre a Andragogia (ensino voltado ao adulto) aos trinta.

Nesta aprendizagem fui desconstruindo modelos pedagógicos de viver.

Na Pedagogia dizemos à criança o que ela deve fazer para crescer e viver melhor. Mas quando crescemos de verdade, temos todas as evidências de que não nos ensinaram o mais difícil:

* ★ A incerteza dos nossos caminhos, por mais consistentes que sejam as nossas escolhas.
* ★ Também não nos ensinaram que amores são desfeitos, mesmo sem a nossa permissão.
* ★ Nunca me disseram que as perspectivas são mais importantes do que aquilo que possuímos. Isso foi a ciência que descobriu e não eu! O maior neurocientista do século, divulgou que o ser humano é movido pelas perspectivas de tudo que ele planeja, almeja ou deseja internamente. Caramba! O que possuímos não conta para as nossas emoções.
* ★ Ainda deixaram de me dizer que as pessoas não cumprem o que te prometem, como aquela frase que o padre diz na hora do casamento: "na alegria e na tristeza, até que a morte os separe". Definitivamente não funciona até a eternidade.
* ★ Também esqueceram de me dizer que a nossa inquietação será constante e que apesar da tão sonhada casa própria, carro do ano, filhos

na escola, filhos casados, ainda sentimos uma vontade louca de fazer "não sei o quê" para nos sentirmos plenos.

* Nunca me disseram que é em Brasília, a sede do governo federal, onde acontecem as piores práticas de gestão e roubos contra o nosso país. Cresci acreditando que dependíamos dos políticos para vivermos melhor.

Enfim, nunca fomos preparados para lidarmos com as decepções de todas as formas.

A preocupação sempre foi em nos prepararmos para TER e não SER.

Ainda fico perdida quando as pessoas vão embora de nossas vidas, sem nenhuma permissão. Ou quando entram, O QUE É PIOR.

Muitas vezes eu não sei o que fazer. Quem sabe?

Também me surpreendo com a minha incapacidade para compreender o ser humano.

Esqueceram de me contar que eu iria chorar quando adulta pelo simples fato de existir a TPM.

Nossa! Como deixaram de me falar coisas importantes.

Hoje eu cresci e enxergo tudo diferente. E o pior, tive que aprender sozinha.

Hoje sinto uma vontade louca de preencher vazios que nunca serão preenchidos.

Como lidar com o vulcão que habita em mim?

Como e a quem pedir socorro na hora da dor?

Eu só quero dividir com vocês que os livros de autoajuda não ajudam, que a ciência não supre a nossa busca, que os amores desfeitos nunca mais voltarão e que a nossa dor não comove ninguém.

Quero também dizer que vale a pena sonhar, que vale a pena cair e levantar e que por mais estranho que possa parecer, estou tentando me acostumar, que o bom é não saber mesmo de quase nada.

Aprendi que o ciclo do PDCA, desenvolvido como ferramenta de gestão e respeitada mundialmente, não auxilia quando planejamos, fazemos, checamos e avaliamos e tudo continua dando ERRADO.

Também aprendi que o diagrama de causa e efeito e que a técnica japonesa dos cinco porquês pode nos deixar tão confusos que atribuiremos as evidências da vida em coincidências, acidentes inexplicáveis, situações imprevisíveis ou outras besteiras. Não compreenderemos tudo, não solucionaremos nada!

Capítulo 20

Tudo passa...

Aprendemos desde cedo que na vida precisamos de coragem e esforço para sobrevivermos. E começamos a creditar nas mentiras que sustentam os nossos castelos para suportar a convivência com tudo ou o pouco que sobrou de nós após tantas emoções experimentadas de diferentes formas. Afinal, ninguém tem a família que queria ter, nunca tivemos o emprego perfeito, o chefe ideal e nem as melhores lembranças dos nossos casos de amor.

Já fomos traídos, abandonados, humilhados e açoitados pela vida de alguma forma.

Todos nós já fomos arrastados por sentimentos autodestrutivos, todos tivemos momentos de lágrimas que não queriam cessar, de desejos não realizados, de paixões não correspondidas e um sentimento de piedade por si mesmo (talvez este seja o pior).

Mas passada uma noite, o sol surge para nos lembrar de que não podemos nos encolher por muito tempo diante da vida.

O tempo não irá parar para que possamos curar as nossas mazelas sentimentais.

Hoje ouvi um conselho interessante: "Tudo passa, tudo vai passar".

Imediatamente comecei a revisitar tudo o que vivi. Visitei todas as minhas decepções, visitei todas as vezes que pessoas queridas me magoaram, traíram a minha confiança e lembrei-me de algumas que foram embora sem me dar o direito da despedida.

Tudo passa, aquela saudade que parece não ter fim, a emoção que senti quando me apaixonei a primeira vez, a dor que sofri quando não passei no vestibular, a vergonha que sofri quando trocaram o meu nome diante de uma multidão.

Tudo vai passar, aquela pessoa inesquecível irá desaparecer dos nossos pensamentos, a emoção do primeiro filho, a alegria no dia do casamento, a tristeza que sentir quando a minha filha foi para a UTI. Ah! Vai passar.

A inesquecível lembrança da morte do meu pai.

As festinhas do dia dos pais na escola que eu detestava porque não tinha um pai para comparecer e receber os desenhos sofridos que me obrigaram a pintar, isso também vai passar.

Vai passar o sentimento de derrota, o sentimento de frustração quando perdi um semestre na faculdade.

Vai passar a lembrança de quando fui discriminada na escola e ninguém se importava em analisar o tal bullying, que ninguém na minha época sabia do que se tratava.

Ah, vai passar a mágoa, a raiva e a culpa. Dizem que isso passa. Mas passa pra quem?

Quem é mesmo a pessoa que vai esquecer tudo o que EU vivi?

Eu não tenho medo de virar do avesso todas as minhas lembranças, eu não tenho o menor problema em reinventar a minha história todos os dias.

Eu sou forte, muito forte.

Mas não venham me dizer que tudo o que eu vivi nesta vida passa. Porque eu sei que não passa.

Minhas lembranças estarão sempre no mesmo lugar. Dentro de mim, em algum lugar que eu ainda não sei e não posso afirmar se é no coração, na alma ou simplesmente no meu pensamento.

Não sou tão tola assim e eu sei que nada do que vivi irá passar. Mas eu vou me esforçar para superar todas estas lembranças e tudo o que fizeram a mim.

Eu irei me esforçar e não é por você. É por mim.

Afinal, quem tem medo da vida?

Capítulo 21

Mundo contemporâneo, vida confusa

Eu não tenho a menor tolerância para cretinos, apesar de viver cercada deles.

No mundo corporativo eles inundam as empresas e agridem os mais nobres mortais (nobres pela grandeza de caráter).

Eu realmente não tolero essa gente mau caráter que nos ronda.

A revista Super Interessante publicou recentemente em sua matéria de capa que há mais psicopatas nas organizações do que em manicômios.

E a sociedade encontra justificativa para enquadrar estas pessoas nas definições mais bonitas e acadêmicas possíveis. Mas não adianta, não tem jeito.

Ninguém conserta valores construídos sem moral e ética.

Imaginem o dano emocional em que pessoas são submetidas diariamente para levarem para casa o seu salário.

Mundo contemporâneo e vida confusa, muito confusa.

Meu papel é fazer você adquirir criticidade sobre tudo o que o cerca. Nesse mundo de cretinos, é necessário esclarecer que, para haver um opressor, é necessário existir o oprimido. E acho que tenho raiva mesmo é do oprimido, porque o opressor é um desajustado.

Nunca esqueça, quanto mais frágil e inseguro é o indivíduo, mais cruel e insensível ele vai ser.

É a força que mora na bondade que liberta pessoas. É a generosidade que entrelaça os caminhos e acolhe equipes campeãs.

Somente os fortes podem ser dóceis, os inseguros são cruéis, os fracos se alimentam da submissão para se sentirem fortes.

Eu ainda sou mais crédula do que cética é verdade, eu acredito que no silêncio de cada dia podemos lutar ou simplesmente manter a nossa dignidade pessoal.

Não podemos entregar a única vida que temos aos canalhas, cretinos e mau caráter que nos cercam. Seres desumanos que roubam a merenda escolar de inocentes famintos, cretinos que permitem o tráfico de drogas quando deveriam bani-lo, desajustados que violentam sexualmente crianças de dois anos e são tidos como desajustados socialmente. Ora, por favor!

Hoje me indigna a podridão da sociedade contemporânea e graças a Deus eu tenho a minha fala, que não vai mudar absolutamente nada, mas que grita, que se expressa e que foge dos desajustes interrelacionais que vivemos.

Estamos cercados de adoecedores, gente que sequer sabe receber afeto.

Gente que confunde carinho com desespero e amor com solidão.

Gente que corrompe valores para sentar na sala da diretoria.

Gente que manipula informação para ferrar o colega.

Virgem Maria, como eu estou valente esta noite. Coisa de mulher nordestina.

É o despreparo para lidar com a decência que nos faz sofrer. E eu sofro.

Não quero ser utópica e nem hipócrita, mas eu preciso acreditar na sociedade que vivo e que se importa com o que de fato tem valor.

Neste momento, há famintos que procuram comida no lixão, crianças são violentadas em bairros da periferia por algum ente da família que bebeu demais e vai abusá-la sexualmente. Tem alguém agora dando o seu último suspiro em algum leito de hospital e eu me importo com isso.

E mesmo que nada eu possa fazer, usarei o meu verbo, a minha palavra e o fôlego que me resta para dizer "eu não tolero os canalhas que nos roubam a esperança de uma sociedade melhor".

Eu não preciso de coisas, nossa sociedade não precisa de mais invencionices para viver melhor (ou pior).

Precisamos tirar a bunda da cadeira e fazer algo para melhorar a vida de alguém.

Vamos, saia da sua sala e oferte algo que nunca fez. Saia e olhe além do seu mundo, enxergue além do seu carro e desca do seu pedestal para ajudar pessoas nem que seja por um dia. Faça a diferença na vida deles só por hoje. Temos todas as soluções dentro de si mesmos. Não precisamos roubar, invadir ou machucar ninguém.

O universo nos dá todos os recursos, não precisamos ocupar o que já está ocupado.

Se não pode contribuir, pelo menos não atrapalhe a vida de quem está lutando dignamente para manter o seu cargo, cumprindo com a sua função.

Atenção, empresas: ensinem, além dos treinamentos técnicos e comportamentais, a disciplina do AMOR.

Tantos recursos gastos em pessoas, quando tudo o que elas precisam é ser respeitadas e aceitas com todas as limitações que possuem, porque, quando erram, esforçam-se para fazer o melhor. E se não o fazem, é porque desconhecem o melhor caminho.

Eliminem o medo, ofereçam o amparo.

Substituam a fofoca pela compreensão.

Existe uma fórmula para viver melhor, é construir riquezas dentro de si.

Existe uma fórmula para ser mais feliz, é acessar a riqueza de ser menos homem e mais humano, menos formal e mais amoroso, menos rancoroso e mais generoso.

Existe jeito para a vida. Existe um caminho esperando por você.

A dureza da autora é proporcional à sua vontade de mudar o coração das pessoas. Mas é só uma vontade, um desejo e um obstinado sentimento de luta por uma sociedade mais justa.

Eu não tenho tolerância para lidar com canalhas!

Capítulo 22

Superpoderes

Chegando próximo do final de mais um ano, diante de tantas reflexões do ano que passou (quando se aproxima dezembro, queremos fazer um balanço e vamos ficando cada vez mais sensíveis – já notaram isso?).

Recebi um e-mail lindo, de uma pessoa muito especial, que dizia assim: "Parece que temos que ter superpoderes".

Quando eu li aquilo pensei imediatamente que é isso que o Brasil precisa, é isso que as pessoas precisam, é isso que eu quero para mim: superpoderes.

Não só queremos tê-los, muitas vezes parece que a vida nos obriga a perseverar na conquista destes superpoderes.

Atualmente tenho tido muita vontade de ter superpoderes para esquecer que oitenta e cinco bilhões de reais são roubados do nosso povo e automaticamente deixados de investir em educação e saúde. Este dinheiro poderia erradicar a miséria de dezesseis milhões de pessoas e isso significa mais do que tenho sonhado nos últimos anos. Com este valor poderíamos construir vinte e oito mil escolas e levar pelo menos um local digno para ensinar e aprender.

A sociedade precisa ainda de superpoderes para continuar tendo paciência para assistir ao horário eleitoral, esforçando-se ao máximo para acreditar que os próximos candidatos querem realmente fazer alguma coisa pela nossa gente.

Mas diante de tantas caras de pau, como é que vamos acreditar em alguma coisa?

Desde que a nossa presidenta assumiu o governo que me sinto assistindo a um *big brother* político, pois a cada hora um ministro é eliminado. Quem será o próximo? Realmente, querido amigo, nós precisamos de superpoderes.

Eu estou precisando deles cada vez que sento diante da TV e assisto que um manobrista pegou emprestado um carro sem pedir autorização do dono e matou uma inocente, que um pai espancou a sua filha até a morte porque a mesma não queria almoçar, que uma criança foi morta porque acordou na hora em que o bandido entrou na sua casa para roubar R$ 2,00 para comprar maconha.

Não! Eu não suporto mais tanta violência. Estou adquirindo pânico de assistir TV. Tenho medo de ligar aquela coisa e me deparar com algo ainda mais surpreendente que isso. Poderia existir?

Precisamos de superpoderes em todas as situações, na vida pessoal, profissional e em sociedade. Nas empresas tenho ficado até sem graça quando estou ministrando aulas de liderança e relato o perfil do novo líder. Vejam:

- ★ Autoconfiante;
- ★ Preocupação com a satisfação pessoal dos subordinados;
- ★ Escuta empática;
- ★ Estar disposto a correr riscos;
- ★ Ser capaz de inovar;
- ★ Elevado desempenho pessoal;
- ★ Desenvolver cooperação entre os subordinados e com os diferentes setores da empresa;
- ★ Mostrar capacidade de integrar ideias diferentes;
- ★ Equilíbrio emocional;
- ★ Estrategista;
- ★ Tomada de decisão elevada;
- ★ Planejamento;
- ★ Organização e método;
- ★ Desenvolver equipes de forma assertiva;
- ★ Comunicação e oratória elevada.

Quando termino de apresentar o perfil, claro que todos me perguntam:

"Este cara existe?"

Ora, para isso precisamos de superpoderes. Eu também tenho precisado destes poderes para aprender a perdoar quem me enganou, traiu covardemente a minha confiança, e tocar a vida sem ressentimentos. Que negócio difícil, hein?

Preciso aceitar que cada indivíduo é um universo e que nós nunca conheceremos profundamente este universo chamado ser humano. Não posso acreditar que seja possível viver bem sem os tais superpoderes que o meu amigo comentou.

Sugiro nos reinventarmos a cada dia. Uma reinvenção baseada no maior ensinamento de todos os tempos: "Amai-vos uns aos outros, assim como eu vos amei". Que ensinamento lindo esse. Somente através do amor é que podemos libertar a nós e ao outro. Muito pior que ser refém de uma sociedade injusta é nos aprisionarmos ao que vivemos no passado e tornar o bandido personagem principal das nossas vidas.

Que coisa difícil é ser livre. Quem de fato é? Quero superpoderes para exorcizar o passado, para anular a injustiça, para esquecer as lembranças que me perseguem e para banir a violência, pobreza e tantas mazelas sociais. Muitas vezes penso que não vou suportar assistir mais cenas de desgraças. Mas a verdade é que temos que seguir, então eu sugiro fazer a nossa parte:

"Não podemos controlar o mundo, nem as pessoas a nossa volta, mas podemos controlar a nós próprios". E isso é muito.

Afinal, tudo o que te aconteceu no passado e tudo o que irá te acontecer no futuro está relacionado ao que você faz no presente. Portanto, viver é agora, hoje, já.

Eu estou fazendo a minha parte. E você?

Capítulo 23

Forçando a mentira

Existem pessoas que possuem uma excelente vocação para forçar os outros a mentir. Eu estou certa de que sou uma delas. Descobri isto há três anos, quando meu filho foi participar de um teste seletivo no colégio que estuda hoje.

Logo a mãe (eu), sorridente e vibrante, pergunta para a coordenadora:

— E aí, o que você achou do meu filho?

Coordenadora educada responde:

— Ele foi muito bem, é muito inteligente o seu garoto.

A pobre mãe iludida olha a prova que o filho acabara de fazer e se surpreende:

— Mas, Bruno, você tirou sete? Ela disse que você era ótimo, além de muito inteligente.

— Mãe, a senhora acreditou? Acha mesmo que a mulher vai dizer "o seu filho é burro, muito burro e nós não queremos ele aqui"? Acorda, mãe, a senhora acreditou mesmo em tudo o que ela disse?

Não é que eu tinha acreditado?

Desde esse dia passei a observar outros diálogos ridículos como o meu.

Gerente que olha para a sua equipe e diz "podem dizer o que acham de trabalhar comigo. Hoje quero que façam um feedback 100% verdadeiro.

Equipe toda responde:

— Você é um gerente maravilhoso, adoramos trabalhar com você.

E o cara acredita.

Diretor que acaba de chegar a empresa e diz "oi, gente, está tudo bem?"

Equipe apavorada porque está tudo dando errado e os resultados não foram alcançados, todos os problemas sendo divulgados exatamente naquele dia. Então respondem:

— Sim, aqui está tudo tranquilo, exatamente como deve ser.

E o cara feliz da vida vai para a sua sala.

Mas realmente difícil situação seria quando a esposa, que acabara de constatar que está pesando 90 quilos, resolve perguntar ao marido:

— Meu amor, você acha que estou gorda?

O marido responde:

— Negativo! Está apenas um pouco acima do peso.

Imagina se o cara vai dizer a verdade, ficaria sem sexo por um mês.

Lembrei-me de um grande amigo que quando chega à praia pergunta:

— O caranguejo tá grande? A cerveja está gelada?

O garçom, fazendo a parte dele, responde:

— Está enorme e a cerveja está geladíssima.

E não é que o cara acredita?

Parem de forçar as pessoas a mentir, porque elas realmente não querem mentir. Mas diante de perguntas tão difíceis vão responder o quê?

Quando eu penso que me curei destas perguntas ingênuas, aprontei outra cena ridícula. Semana passada reencontrei um amigo que não via há sete anos. Depois de muita conversa, entramos no elevador e eu perguntei:

— Você acha que envelheci? Estou mais feia? Que engordei?

O cara educadamente, todo espremido no elevador, respondeu três vezes seguidas:

— Você está bem, muito bem, realmente muito bem.

Ia dizer o quê?

Portanto nem vou ousar perguntar o que você achou desta crônica. Assim como não perguntaria ao editor-chefe do jornal que publicou esta crônica, porque rapidamente a equipe faria como o meu amigo.

— Está bom, muito bom, realmente muito bom.

Afinal, bem que poderíamos fazer perguntas mais simples, não acham?

Capítulo 24

Está reclamando do quê?

A vontade instintiva de escrever move a minha vida, mas já não sei se o motivo é relatar ou desabafar as minhas convicções. Bem, isso não importa. Importa mesmo é expressar.

Sou fascinada pela história de vida de um dos maiores jornalistas que o nosso país já teve. Eu adoraria que ele não tivesse essa história de herói do cotidiano para ser relatada. Afinal, eu viveria melhor sem imaginar toda a dor, desconforto e, principalmente, sentimento de impotência que esse cara viveu.

Rodolfo Fernandes evoluiu em uma dedicada carreira jornalística de estagiário a diretor de redação geral do jornal O Globo, no Rio de Janeiro, sendo este o maior patamar para um jornalista sonhar e lutar para chegar. Dedicou-se e conseguiu.

Mas a vida lhe pregou uma peça maior. E a esta peça denominamos a doença que fora acometido, chamada de esclerose lateral amiotrófica. É uma doença tão rara e terrível que você perde progressivamente todos os movimentos do corpo, pois os nervos que comandam os músculos vão morrendo e matando os sonhos do paciente e de seus familiares. A doença paralisa os membros superiores, inferiores, a língua, a deglutição e por último, acreditem, a respiração.

Quando imagino tudo o que passou pela cabeça deste jornalista, fico inquieta de não poder ter estado ao seu lado para ouvi-lo falar sobre seus sentimentos. Pois o seu comportamento todos conhecem. Continuava com o seu senso de humor ácido, com a sua inteligência admirável e, o mais surpreendente, trabalhava normalmente. Isso mesmo, ele continuava trabalhando. E trabalhou até a antevéspera do dia de sua morte.

Eu não sei se admiro mais a sua perseverança em trabalhar ou se admiro ele fazer de conta que estava vivendo normalmente, porque ele não estava.

É inenarrável o processo de perguntas sem respostas que este cara deve ter feito a Deus.

Agora, voltando ao mundo de hoje, olho a minha volta e vejo uma procissão de lamentadores seguindo a vida como se fossem pobres moribundos em busca do tesouro perdido. Queixam-se de pegar um ônibus, queixam-se de acordar cedo, queixam-se de ter trabalho, queixam-se de quase tudo.

Não estou falando que fazer o que foi citado seja fácil, mas você veio ao mundo pra quê? Ou por acaso pensa que foi convidado para passear no planeta Terra?

Não que eu goste de acordar cedo. Detesto.

Não que eu goste de me sacrificar, mas faz parte. Não tem outro jeito, é a única forma de vivermos dignamente.

O mundo real não vai te poupar de absolutamente nenhuma dor ou desconforto que vá de encontro às suas vontades.

Está com medo do desafio de amanhã? Normal, mas enfrente.

Agora enfrente com dignidade, sem se fazer de coitado, porque isso é horrível.

Enfrente sem se sentir explorado pela vida, porque isso também é lamentável.

Enfrente com sabedoria e prontidão diante do novo que se abre para cada um de nós todos os dias.

Se isso é fácil? Óbvio que não. Mas se o meu herói do cotidiano Rodolfo Fernandes foi capaz de passar por este caminho de forma digna, isso não me deixa dúvidas de que você também pode passar por qualquer caminho de dor, aflição ou descontentamento.

Meu amigo, você está aí com dois braços, duas pernas funcionando e respira. Mas se tem apenas um braço e uma perna, ainda está no lucro do meu homenageado de hoje.

Acorda pra vida!

Sei que Rodolfo detestaria o motivo que gerou esta homenagem póstuma, eu também detestaria este tipo de homenagem. Mas foi a melhor forma que eu encontrei para dizer a você leitor:

"Se o negócio tá difícil hoje, te prepara que pode ficar pior".

BOA REFLEXÂO!

Capítulo 25

Vá para o país que te pariu!

Nosso país é mesmo muito receptivo aos estrangeiros de um modo geral. Nosso povo sempre acolhe legalmente qualquer pobre moribundo que venha de fora. Seja ele empresário, vendedor, traficante ou aliciadores de menores.

Ora, já é tempo do nosso país tomar vergonha na cara e reforçar as leis de permanência destes indivíduos aqui. Afinal, meu país não é a casa da mãe Joana (quem é mesmo essa Joana que inventaram?) para entrar qualquer um toda hora e de qualquer forma.

Somos um país e precisamos de estrangeiros bem intencionados e acolhidos legalmente em nosso território legalmente em nosso território. Sabe por quê?

Nestes dias foi veiculada em um telejornal a história de uma enfermeira que passou anos juntando dinheiro para pagar uma passagem para o exterior e sabe o que fizeram com essa criatura? Foi deportada sem nenhuma explicação.

Para quem não sabe, muitas pessoas todos os dias são deportadas em países do primeiro mundo.

E ninguém ousou investigar o motivo da deportação desta mulher que foi humilhada no seu íntimo e desprivilegiada como brasileira, pois lá fora as mulheres são confundidas comumente como dançarinas, para não dizer prostitutas de luxo. É isso que o estrangeiro pensa de nós mulheres brasileiras que tentamos ingressar nos países europeus.

Ora, nunca soube de estrangeiros sendo deportados no país. Você já viu alguma notícia parecida?

Estou citando o caso desta enfermeira só para ilustrar, porque conheço muitas pessoas que são impedidas de entrar em países estrangeiros porque deixam suspeitas de que vão praticar atos ilícitos ou não vão mais retornar ao seu país de origem.

Isso é muito engraçado mesmo. E revoltante.

Como assim atos ilícitos? Como assim suspeitas? E os Estrangeiros que visitam meu país com o intuito de realizar turismo sexual, abusando de adolescentes (quase crianças) e que são mostrados constantemente na TV? Ninguém suspeitou destes indivíduos? Ninguém suspeitou dos traficantes estrangeiros que constantemente são pegos em território Brasileiro?

Sabe porque não suspeitaram? Porque ninguém investiga nada e nem exige nada para os estrangeiros virem ao nosso país, porque somos acostumados a recebê-los sem nenhuma restrição, como se realmente estivéssemos desesperados ou ansiosos por sua estada em nosso glorioso BRASIL.

Ora, façam-me o favor!

Temos autossustentabilidade financeira sim. Somos ricos em recursos para a sobrevivência do nosso povo. Aliás, poderíamos ter muito mais se não fosse a roubalheira das autoridades governamentais que deveriam ter mais respeito pelo nosso povo e criar regras para os estrangeiros que nos visitam.

Eu sinceramente gostaria de gritar para os estrangeiros mal-intencionados que usam meu país para turismo sexual, corrupção, lavagem de dinheiro e tráfico de drogas. Querem saber o quê????

VÁ PARA O PAÍS QUE TE PARIU!

Capítulo 26

Não há vagas

Todos os dias entrevisto dezenas de pessoas que procuram emprego e sinto que a grande maioria dos desempregados ainda não se convenceram de que nas empresas não existe nenhum emprego. O que estamos ofertando é trabalho.

E esta expressão é muito diferente do desejo primário de se empregar.

Ora, os candidatos me dizem que querem um emprego para pagar a faculdade ou que querem quitar o carnê que possuem. Há ainda aqueles que querem um emprego porque os pais estão cobrando deles alguma postura mais adulta.

Façam-me o favor, caros candidatos. As organizações sobrevivem através de resultados em termos de produtividade que se convertem em números. Ou seja, precisamos de dinheiro.

Eu realmente entendo a situação de desemprego do nosso país, mas nós não estamos preocupados com seus carnês ou obrigações pessoais. A empresa quer um profissional para agregar valor ao seu faturamento anual.

Você acha que eu estou sendo cruel? E quem vai pagar os impostos abusivos todos os meses pela existência da empresa? Quem paga os encargos mensalmente para manter os necessitados colaboradores em seu poder? Quem paga as tarifas bancárias, etc.?

Por favor, meus amigos, não me venham falar das suas necessidades na hora da entrevista. Eu quero saber quais são as potencialidades que você vai oferecer à empresa contratante? Quero enxergar em você alguém que vai pensar em alavancar resultados que façam a diferença nesta empresa. Quero perceber em você sua capacidade de criar estratégias para otimizar os processos organizacionais.

Na minha vida pessoal eu posso e devo ajudar ao próximo. Na minha vida profissional eu sou paga para ajudar as empresas a permanecerem no mercado. Portanto não digam que querem um emprego, digam o que sabem fazer. Não digam que querem um salário, afirmem com convicção que sua permanência na empresa se pagará através dos seus resultados.

Não! Nas empresas de hoje não há vagas para empregos.

Isso só existia no passado, porque as empresas que agiam assim já quebraram e provavelmente seus proprietários enfartaram.

Nas organizações competitivas de hoje buscamos talentos e competências para o crescimento e sustentabilidade de nossas exploradas empresas.

Digo explorada pelo abuso de impostos cobrados pelo governo.

Ah! Você queria o que mesmo no início de sua entrevista?

Nunca mais diga que quer trabalhar porque você precisa. Nunca mais conte seus problemas nas entrevistas, nós não queremos saber de mais problemas.

Ao contratarmos profissionais, buscamos soluções!

Pense nisso!

Capítulo 27

Não somos livres

Hoje quero passear na contradição da liberdade do ser humano.
A dialética do comportamento humano e suas possibilidades empobrecem a crença da liberdade humana.

Não somos livres.

Desde o momento em que nascemos, nos tornamos prisioneiros de algum tipo de necessidade. Isso mesmo. Ao nos tornarmos mães, criamos a dependência psicológica da responsabilidade sobre uma nova vida.

Voltemos ao nosso nascimento. Ao abrirmos os nossos olhos, já procuramos alimento. Em seguida, sentimos a necessidade da voz, do cheiro e do tato da mãe. Pobre bebê que começará a ser aprisionado desde o seu nascimento.

Em seguida, continuamos dependentes da mão de alguém para nos guiar e dos ensinamentos de outra vida para não nos acidentarmos. E o tempo vai passando...

Na adolescência nos tornamos refém da Internet, da namorada ou namorado que não ligou e quase nos levou a uma crise existencial, sentimos necessidade da aprovação alheia para nos autoafirmarmos. E continuamos crescendo...

Na vida adulta somos prisioneiros do cumprimento de padrões pré-existentes para sermos aceitos na sociedade.

Primeiro temos que nos sentir desejados pelo sexo oposto para que possamos nos sentir seguros. Depois nos atiramos nas entrevistas de emprego sem nenhuma preparação, onde corremos o risco de dizer "eu quero qualquer coisa". Logo em seguida estamos aprisionados a ter uma carreira profissional sólida para não nos sentirmos fracassados.

Os homens precisam ter pênis avantajado senão começam a se inibir sexualmente. Precisam de ereção prolongada para agradar a parceira, correndo o risco de ser chamado de egoísta quando sequer consegue obter o controle do seu próprio corpo.

As mulheres, então, são massacradas por estereótipos de beleza alcançados assustadoramente, tornando-se uma lagartixa ao almoçar diariamente uma folha de alface e duas rodelas de tomates. Afinal, as carnes fazem mal à pele, doces engordam, sexo inseguro oferece o risco da AIDS, chocolates dão espinhas em nosso rosto, a gordura saturada, presente em diversos alimentos, pode entupir nossas artérias.

Ah! Tem mais, isto é só o começo da maratona da mulher. Ela ainda precisa parir filhos saudáveis para seu macho e permanecer encantadora, ou seja, mesmo após três gestações, onde a soma dos vinte e sete meses acumularia em média trinta e seis quilos, que devem ser eliminados automaticamente para que sua barriga e seios tenham uma ótima aparência, assim ela continuaria sendo admirada pelo seu parceiro.

Isso não é incrível?

Caso contrário, a sociedade vai lhe chamar de relaxada. Precisamos ainda uivar feito uma loba na cama para demonstrar entusiasmo no sexo com o marido, sob o risco de sermos trocadas pelas amantes de plantão.

Eles também.

Depois de tudo isso, vocês acham mesmo que existe alguém LIVRE na face da Terra?

Ora, o atleta está preso ao desejo do pódio, o presidente está preso ao desejo do segundo mandato, o emergente está preso em obter mais prestígio, o artista está preso ao desejo do sucesso e por aí seguem as inúmeras prisões mentais que nos consomem diariamente.

Existem ainda os casais que vivem juntos pelas inúmeras conveniências da relação, os funcionários que adorariam se libertar dos patrões castradores...

Caramba!

Quem é livre?

E você está preso a quê?

Necessita de liberdade hoje?

Desafio você a ser livre só por um dia e desafiar as leis de sobrevivência do homem.

Não se esqueçam de me convidar.

Capítulo 28

Desista de compreender as pessoas e a vida. É melhor para você

Talvez um dia eu entenda a vida. Ainda sou nova demais para isso. Enquanto não entendo, simplesmente escrevo. É uma escrita que busca respostas para o que talvez nem exista. Não escrevo para ensinar, escrevo para tentar compreender.

Será que existe uma busca consciente do que precisamos para viver melhor? Ou será que vamos amparando as nossas necessidades em muletas psicológicas para acreditarmos que somos normais e saudáveis? Pois isto já nos faria sentir melhor?

Hoje eu estava pensando em algumas situações em que acreditei recentemente. Analisando tudo o que vi e ouvi, percebo o quanto me enganei com algumas pessoas que se venderam muito bem diante de seus propósitos. Refletindo a minha parcela de culpa no processo de acreditar no outro, descubro que há alguma fragilidade em nós mesmos quando acreditamos em pessoas maus-caracteres, há alguma necessidade nossa de acreditar na fala do outro. Percebe isso?

Só compramos algum produto quando temos a necessidade ou somos movidos por algum impulso usado como descarga emocional diante de algo que foi utilizado para suprir uma carência nossa.

Então, com esta linha de raciocínio, temos alguma participação nos enganos que nos acontecem. Sim ou não?

O quanto buscamos acreditar nas mentiras que escutamos?

Ah, as nossas fragilidades pedem algo consolador ou irresistivelmente sobrenatural. Porque o normal cansa. Porque o habitual é enfadonho.

Sim, se fomos vítima de alguma pessoa ou circunstância é porque havia fragilidades em nós mesmos. Não quero isentar a culpa de quem age com falta de ética para com a sociedade. O que pretendo é analisar a nós mesmos como um ser incompleto, ávido por algo que nem sabemos o que é e muitas vezes frágil nas mãos de pessoas também perdidas ou inescrupulosas.

Talvez no futuro eu entenda melhor as pessoas. Por enquanto não as compreendo e perdi totalmente a vontade de compreendê-las. É verdade que tenho muito medo deste sentimento de descrédito nos atos dos outros. Evoluindo com o meu sofrimento, chego ao ponto de ofertar total liberdade ao próximo para que ele seja quem ele quer ser. O outro não me deve nada

Ele é livre para ser bom ou mau, ético ou antiético. Enfim, livre para me amparar ou trair.

Chega de tentarmos ser salva-vidas dos barcos furados que encontramos nas andanças deste mundo.

Que possamos parar de reclamar do tempo que foi dedicado às relações que não deram certo, porque nestas, nós evoluímos em cada momento vivido.

Se você acredita que perdeu tempo no seu último emprego ou na última relação que viveu, fuja desta armadilha emocional.

Você esteve exatamente onde deveria estar e foi você quem buscou isto. Através de tudo o que vivemos, foi que nos tornamos a pessoa que hoje somos.

Da próxima vez que me disserem "algo que eu quero ouvir", vou buscar dentro de mim a permissão racional para acreditar no que está diante de nossos olhos.

Talvez o que não queremos enxergar é que, quando alguém falha conosco, tivemos uma parcela de responsabilidade por acreditar no que não foi feito, na expectativa que foi exclusivamente nossa.

Lembro agora da última vez que acreditei em um candidato durante uma seleção. Ora, ele estava fazendo o papel dele em me convencer a contratá-lo.

E na nossa vida pessoal? Estamos magoados, ressentidos ou ofendidos com aquela pessoa especial que se apresentou para nós?

Que bobagem. O papel do sedutor é seduzir e se fomos seduzidos é porque de alguma forma aquilo nos beneficiava.

Seja racional, nada acontece sem a sua permissão.

Está magoado?

Então procure primeiro saber qual a sua parcela neste processo de mágoa, porque certamente na relação de vítima e agressor, há uma esfera inconsciente de atrair o agressor.

Jung notou que tudo o que aparece de forma consciente apresenta um oposto inconsciente. O que será que buscamos agredir em nós mesmos quando nos permitimos sofrer por algo ou alguém que não vale a pena?

Se você é uma pessoa normal e saudável emocionalmente, não deveria perder o seu tempo com o número enorme de pessoas que existem para te fazer sofrer.

A intenção é das pessoas, mas a permissão é sua.

Se conseguirmos enfrentar o nosso problema de frente, sem querer fugir dele, pode ser que saiamos com um ossinho quebrado ou simplesmente machucado, mas teremos ao menos a satisfação de saber que somos donos da nossa própria vida e que, sim, temos a condição de enfrentar os nossos problemas de frente e agindo dignamente.

Pense nisso.

E se quer realmente viver melhor, desista de compreender as pessoas.

Eu já desisti. Prefiro retratá-las através da minha escrita solitária, torpe e incapaz.

Capítulo 29

A vida começa aos 40

Estou adorando fazer quarenta anos e estou achando muito interessante as emoções que experimentamos nesta fase.

As incertezas que antes pesavam tanto, agora chamamos de desafios. A solidão que rejeitávamos viraram momentos de autoconhecimento. O impulso para decidir se tornou poder de decisão, tão badalado nas revistas empresariais. Aguentar firme diante da derrota agora é ser resiliente (puxa vida, que chique).

Olhar-se no espelho e ver as ruguinhas aparecendo é motivo de orgulho e para elas também se denominou uma palavra existencialista: experiência.

Uau! Estou adorando isso tudo.

Malhação para ficar sarado virou estilo de vida e comer alface para não engordar virou qualidade de vida. Entupir-se de remédios virou medicina ortomolecular e dormir faminta sem jantar chamamos de disciplina da saúde.

Isso não é mesmo muito chique?

Se eu soubesse disso tudo aos vinte anos, não teria sofrido tanto, não teria chorado como chorei e não teria desejado o corpo sarado da Sharon Stone. Até porque aos quarenta o que vale é a beleza interior. Isso é mesmo verdade?

Porque estou adorando esta era intelectual de mentiras verdadeiras e verdades mentirosas para nos fazer dar um upgrade na nossa autoestima.

Mas se tudo isso é verdade, por que o consumo de viciados em drogas triplicou nos últimos trinta anos? Por que o número de suicidas mais que dobrou na última década?

E por que estão oficializando a traição conjugal em sites como Second Love?

Na verdade aos quarenta acreditamos naquilo que nos é apresentado.

Não somos mais ingênuos.

Queremos coerência e já não sofremos tão facilmente. Sofrimento transforma-se em indignação e emoções radicais são experimentadas de forma simples e tranquila.

Estou adorando fazer quarenta anos. Nesta idade, um beijo é só um beijo, um olhar é só adrenalina.

Um trabalho novo não é algo que vai mudar as nossas vidas e dinheiro significa apenas conforto.

A única coisa que não muda aos quarenta é que um grande amor vai ser sempre um grande amor. Porque o amor sempre vai existir e sempre irá nos confortar.

A maior diferença em amar aos quarenta é que não aprisionamos o objeto amado. Amamos com liberdade. E pensar no grande amor da minha vida me faz apenas sorrir enquanto dirijo ou levitar enquanto viajo acompanhada pela sua presença fascinante em cada aeroporto que desembarco.

Diante de tantas mudanças, o amor vai sempre ser amor. Diante de tantas mazelas da vida, tenho a lembrança e o sorriso lindo do meu amor para me fazer companhia.

E em cada amanhecer posso dar o play para escutar a sua voz magnífica que me diz "isso é inexplicável!". Mas a vida está repleta de desafios inexplicáveis.

E quem precisa explicar a vida? Basta vivê-la, um dia de cada vez.

É a vida aos quarenta, é o amor que nunca deixará de ser amor.

Capítulo 30

Conversas inúteis...

Aprecio fortemente o novo, a dinâmica da vida e este burburinho do meio do mundo, do meio da vida.

Estava voando literalmente ao vivenciar este diálogo inútil, que fez me lembrar de tantos outros no decorrer dos anos vividos.

Estava sentada em meu assento no avião, feliz por ser um assento mais largo que os outros e que agora chamam de assento conforto.

Aliás, todos deveriam ser, pagamos para termos este conforto. Mas não temos.

Logo surge a bela e intrépida aeromoça:

— Senhora, além da sua bolsa, precisamos guardar o seu casaco. É que não pode nada aqui, nada mesmo. É saída de emergência.

Tudo bem. Guardei o casaco, porque detesto insistir naquilo que não tenho direito.

Em instantes a aeromoça volta:

— Atenção, senhores acomodados neste espaço. Se algo grave acontecer, abra este manual. Aqui tem tudo que a senhora precisa para sobreviver. A senhora terá que comandar a abertura da porta, ok?

Vou dizer o quê?

Todos da fileira deram muitas risadas e eu fiquei pensando. Como assim algo grave? Um acidente, claro, ela quis dizer.

Então quando o avião tiver caindo, eu grito:

— Atenção, segura aí o avião que eu vou ler o manual para tentar sobreviver.

Acredito que aquela aeromoça é novata, jamais um veterano diria desta forma a mensagem que ela quis transmitir. Quando eu penso que acabou, ela volta.

— A senhora sabe utilizar esta saída? Já utilizou alguma vez com o avião no ar?

Todos os passageiros, rindo geral, perguntaram a ela:

— Você conhece alguém que abriu esta janela com o avião em movimento a milhares de metros de altitude e saiu voando por esta janela e voltou para contar como foi a sua experiência?

Ela riu sem graça e eu tive a certeza de que, como era novata na profissão, estava tentando lembrar e cumprir todos os procedimentos que acabara de aprender.

Mas que conversinha inútil, hein?

Outro papo mega inútil ocorreu quando eu tinha vinte anos, com um namorado, que na terceira semana de namoro disse:

— Vanessa, nós temos que ter cuidado para continuarmos o nosso namoro sem nos apaixonar, viu? Porque eu não quero me apegar a ninguém, irei morar em Londres ano que vem e realmente não quero levar nenhuma pessoa na memória.

Fiquei olhando pra cara de pau dele e pensei "eu já estou apaixonada". Óbvio que o namoro não decolou, graças a Deus. Pulei uma fogueira.

Outra conversa inútil que lembrei acontecia todas as vezes que eu ia a um determinado cliente e reparei que em todas as reuniões de diretoria, o dono da empresa, como ele gostava de dizer, tinha necessidade de dizer "eu sou o dono".

Estávamos na oitava reunião em três meses, quando um dos diretores, cansado daquela frase, exclamou:

— Fulano, nós já sabemos que você é o dono da empresa. Tem algo novo que queira nos falar sobre isso?

Eu confesso que fiquei constrangida, mas também fiquei aliviada. Não aguentava mais ouvir aquela bobagem.

A gente fala cada coisa, viu?

Quando eu tinha catorze anos, aconteceu logo após o dia dos namorados.

A minha mãe sempre gostou mais dos meus namorados do que eu mesma. Então resolveu me dar uma caneta caríssima para presentear o digníssimo.

Porém o namoro era novo, tinha apenas dois meses, e eu achei arriscado demais dar um presente daquele porte para um recém-admitido namorado, mas dei. Minha mãe disse que podia dar.

Quatro dias depois o namoro acabou e a minha mãe disse:

— Ou você pede a caneta de volta ou vai apanhar.

A lei da palmada era nossa companheira lá em casa e ninguém nunca teve problemas mentais por conta disso.

E agora? Como é que eu vou pedir de volta um presente? Putz, que vergonha!

Ganhei coragem. Afinal, o chinelo da minha mãe era pesado.

— Oi, eu vim buscar a caneta que te dei. Você sabe, né? É um presente muito caro para pessoas da nossa idade (eu com 14 e ele com 28). Minha mãe quer que eu devolva a ela. Podes me dar? Afinal, nem namoramos mais.

— Diga para sua mãe que, para ficar com a caneta, posso namorar qualquer pessoa da sua família.

Gente como assim? Que cara louco.

Eu realmente preferi apanhar a ter que dialogar com uma pessoa maluca como esta, mas ainda tive forças para dizer uma frase explicativa. Como fiquei sem saber o que dizer, disse a ele:

— Na minha casa só tem eu de mocinha. A mais velha é casada e as minhas irmãs menores são muito crianças.

Ele nem ligou. E eu fui embora rindo muito daquela criatura esquisita que a vida me levou. Graças a Deus.

Depois de tantas conversas inúteis, fiquei me perguntando "o que será que eu ando dizendo por aí?".

Nesta semana até eu me fiz achar graça destas conversas inúteis. Espero que você também possa ter aberto um sorriso com esta leitura bobinha e real.

Capítulo 31

Fale um pouco de você...

Geralmente respondo perguntas difíceis com uma desenvoltura de dar inveja a qualquer pessoa. Mas percebi que certas perguntas, aparentemente fáceis, estão me intrigando.

Fui visitar um cliente e logo começaram as apresentações profissionais e trocas de cartões (cada um exibindo o seu posto e tentando convencer que é um cara de valor), mas, no meio desta conversa profissional, o interlocutor disparou:

— Você aparenta ser uma pessoa interessante (e olha que era uma mulher). Agora fale um pouco de você.

Depois de um elogio nos ensinaram que sempre vem uma pergunta difícil. E veio. Falar de mim? Como assim, "fale um pouco de você"?

Pensei antes de iniciar a minha autodescrição, mas, confesso, não disse nem metade do que vou dizer a vocês. Não consigo me definir com esta exatidão. Além disso, estava me definindo para um cliente e só devemos apresentar aos clientes as nossas qualidades.

Já tenho quarenta e três anos e não sei verdadeiramente se sou calma ou agitada, precisa ou prolixa, porque tenho vivenciado a disparidade e a inconstância de muitas características minhas, pois dependo de um contexto para agir.

Falar um pouco de mim e logo pedir que seja pouco, já é sacanagem. Primeiro que eu falo muito, penso demais e ainda não sei se aprendi a falar só o suficiente. Mas diante do meu cliente e naquele momento, falei pouco e fui adequada ao papel que exigiram.

Mas quer saber de verdade o que eu penso de mim? Ah, sou agitada diante de um dia cheio de atividades e extremamente calma diante de uma discussão.

Sou justa diante de dividir os bônus de um trabalho e muita injusta se tiver de dividir uma dúzia de brigadeiros. Certamente você receberá apenas dois, afinal lhe convencerei de que estou cuidando da sua saúde e sumirei com os dez brigadeiros imediatamente.

Sou lenta para compreender um mapa e acelerada para compreender uma pessoa complicada.

Já acreditei em bobagens ditas da boca pra fora e desacreditei em verdades ditas por pessoas honestas. Já fui feliz nos braços de cafajestes e infeliz nos braços de homens decentes.

Já briguei pela vida de trombadinhas na Praça da Sé e já me calei quando fui ofendida.

Também já chorei no enterro errado (horrível saber que depois que chorei tanto, o defunto não era quem eu pensava) e me resguardei diante da despedida de quem eu amava.

Também sou disciplinada para trabalhar dezesseis horas por dia e indisciplinada para comparecer por trinta minutos à academia.

Já comi alface e tomate por sete dias seguidos e passei dois dias seguidos comendo apenas chocolate, na véspera de lançamento do primeiro livro.

Já fui fã dos Menudos, mas também escuto diariamente música clássica enquanto dirijo.

Estou relatando tudo isso porque não estou conseguindo fazer um enquadramento pessoal para falar um pouco de mim.

Uma pergunta como essa busca uma resposta sucinta e definidora sobre nós. Eu não sei resumir quem sou, nem me encaixo nas definições que existem por aí. As palavras não são definidoras, os sentimentos não são definidores e a vida nunca terá conclusões definidoras sobre pessoa alguma, pois, enquanto estivermos vivos, estaremos em um processo dinâmico e autoconstrutor em busca de respostas que talvez nunca encontremos.

Sei lá se gosto de preto ou branco. Depende da ocasião.

Sei lá se gosto de abraço suave ou apertado, também depende da pessoa e do meu momento. Também não sei se gosto de quente ou frio, isso dependerá do meu clima. Impossível dizer se gosto mais de dormir ou de trabalhar porque faço muito bem os dois.

Não consigo definir se sou santa ou doida, porque já fiz cada coisa (isso eu não vou contar) e nem sei se o meu gosto é por homens jovens ou maduros. Já me apaixonei pelos dois perfis.

Já me emocionei e chorei no primeiro dia de aula do curso de Ciências Sociais, assim como fui extremamente fria diante de um pedido de casamento.

Diante de um desafio profissional sou corajosa como o Rei Davi, mas, quando vejo um cachorrinho Yorkshire me olhando atentamente, tremo dos pés à cabeça.

Ficou claro que eu não sei falar um pouco de mim.

E você sabe falar um pouco sobre você?

O que diria?

Capítulo 32

Domingo é dia de agradecer

Realmente tenho motivos para acreditar que domingo é um dia chato, mas quero eliminar esta crença agora. Afinal, o que nos impede de agradecer por tudo o que somos e o que temos exatamente no primeiro dia da semana?

A palavra é originária do latim dies Dominicus. Povos pagãos antigos reverenciavam seus deuses dedicando este dia ao astro Sol, o que originou outras denominações para este dia. Em inglês diz-se Sunday, e no alemão, Sonntag, com o significado de "Dia do Sol".

Convido você a fazer do domingo o nosso dia do sol, independente da chuva que esteja caindo lá fora ou do tempo fechado que estiver fazendo na sua vida. Independentemente da semana horrível que você possa ter vivido, sugiro não ficar olhando para trás cheio de arrependimento. Pois o arrependimento é uma perda de energia enorme e nos causa fadiga física e emocional.

Sim, você pode olhar para trás, mas com o enfoque na gratificação por tudo o que fez ou ainda reconhecendo o que você deixou de fazer, mas que será feito nesta semana.

O que você quer dizer a si mesmo quando se arrepende de alguma coisa? É que o arrependimento nos impede de avaliar, corrigir e seguir em frente. Pois, ao nos arrependermos, ficamos com o enfoque da culpa de não termos obtido êxito.

Caia fora deste ciclo vicioso que não leva a nada.

Domingo é dia de agradecer.

Agradeça agora mesmo o sofá velhinho que está na sua sala. Agradeça o carro parcelado em 48 vezes. Você conseguirá chegar até a última parcela.

Ah, agradeça o maridão chato e barrigudo que está aí ao lado, foi você quem escolheu. E a esposa tagarela também foi escolha sua.

Vamos começar a nossa semana de dias úteis cheios de luz do sol que você pode fazer nascer na sua vida.

Afinal, viver bem depende de quem?

Realizar os seus objetivos depende de quem?

Fazer da sua semana dias de vitória ou de fracasso está em suas mãos.

Que decisão você precisa tomar para ficar em paz?

Qual é a decisão que você está adiando e sabe que deverá tomar?

Nunca poderemos construir nada em cima da culpa, vergonha, arrependimento ou sentimentos de impotência. Tudo o que conseguiremos é afundar neles.

Saia imediatamente do domingo nebuloso de ilusões que você criou para a sua vida.

Desprenda-se de seus hábitos se eles não te favorecem e aprenda a abandonar pessoas que não somam em sua vida.

Perder energia para quê?

Precisamos viver com mais urgência o hoje e eliminar a nossa incrível capacidade de adiar decisões.

Comporte-se como um vencedor.

Sua semana pode ser de sol ou de chuva e isso dependerá exclusivamente de você.

Deixo o final deste texto para as palavras poderosas de quem sabia viver em paz.

"Você nunca saberá que resultados virão da sua ação. Mas se você não fizer nada, não existirão resultados" Mahatma Gandhi.

Excelente reflexão.

Capítulo 33

Por um fio de ópio

Ensino e aprendo nas sessões de *coaching* que conduzo diariamente.

Ontem, durante a sessão, fiz a seguinte pergunta:

— O que segura esta decisão?

Sabiamente meu cliente respondeu:

— Vanessa, sabe como funciona o vício?

Eu respondi:

— Explique melhor.

— Quando eu penso que estou pronto para decidir, surge uma dose, mesmo que pequena, como se fosse o ópio, que me faz acreditar que agora as coisas vão melhorar. O viciado até acredita que pode parar, mas só por hoje ele precisa de mais uma dose. Entende?

Ouvindo a sua explicação, tudo faz sentido diante da difícil missão de tomar decisões.

Isto ocorre em todas as esferas da nossa vida profissional e pessoal.

Imaginem a vontade de demitir um profissional que já não rende tanto para a empresa. Ficamos meses pensando na decisão e, quando acreditamos que estamos seguros para demiti-lo, eis que o cara apresenta uma significativa melhora em seu desempenho.

Nesta hora pensamos:

— Ele vai melhorar. Agora ele decola.

Mas o cara volta ao zero a zero semanalmente.

Esta gota de ópio que surge para nos embriagar de esperança adia as nossas decisões, traindo nossa capacidade perceptiva e nos levando a acreditar naquilo que mais queremos: "Tem jeito. Para tudo tem jeito".

Porque muito mais difícil que decidir é acreditar que não há mais esperança. A falta de esperança é estática, dolorosa e delimita fronteiras para sempre.

Lembrei-me de quando precisava decidir pela minha separação:

Quando eu pensava:

— É hoje! Quando ele chegar, decidiremos de forma sensata pelo final da nossa história de amor.

Acontece que quando ele chegava, eu recebia a dose de ópio que precisava para acreditar que ainda tínhamos muito para viver, mesmo que isso não durasse vinte e quatro horas. E assim muitos anos se passaram para que a decisão fosse tomada.

Nesta hora, rejeitar a dose de ópio é o mais sensato. Mas é tão desafiador que a maioria aceita esta dose como condição para sustentar as próprias crenças e reforçar suas emoções.

Após rejeitar mais uma dose de ópio, pude descobrir que a liberdade de não precisar de pequenas doses me deixou livre para experimentar a alegria que recebo diariamente pelas decisões que tomei.

Que vida, hein? Até para ser feliz, tem que ter coragem. Até para decidir temos que pedir:

— Pai, afasta de mim este cálice!

Agora seja sincero com você mesmo.

— Que decisão você sabe que precisa tomar?

— E por qual motivo tem adiado?

Qual é o fio de ópio que segura você neste momento?

Capítulo 34

O que define a nossa vida?

Quem escreve se alimenta do que vive, ouve e vê. Eu me alimento da vida cotidiana de cada um de nós, que mesmo sem perceber escrevemos histórias anônimas que nos permitem crescer.

Hoje fiz uma pergunta simples e recebi uma resposta complexa, que tive a missão de simplificá-la. Perguntei algo e ouvi:

— Faça o que o seu bom senso mandar.

Como um punhal em minhas costas, aquilo soava como "você não teve bom senso para o primeiro ato, então estou lhe dando uma segunda chance para usar o bom senso". E fiquei inquieta em meus questionamentos.

Eis que, em um trecho do filme As aventuras de Pi, é revelada a grande incógnita dos nossos conflitos. A cena, aparentemente simples, tornou-se a mais educadora que já vi nos meus últimos anos de vida. Uma criança se aproxima de um tigre feroz e exclama algo como:

— Ele é bom, ele é amigo... Ele tem alma!

O pai mostra ao garoto que qualquer coisa que se aproxime daquele tigre será devorada por ele imediatamente, simplesmente porque ele é um tigre e não uma alma boa como o menino queria que fosse.

E na hora pensei:

— Caramba! Tudo o que enxergamos no outro e na vida tem os ingredientes do que carregamos em nossos corações. Nenhuma pessoa sabe de verdade quem é o outro, o que ele pensa ou sente. Tudo o que sabemos e enxergamos é criado em nossa mente a partir do que somos.

Vou comprovar. Imagine uma mulher que diz ter sido enganada por um cafajeste. Vocês acham mesmo que o cara não deu sinais de que era um cafajeste? Claro que deu. Mas a vítima enxergou o que queria enxergar, aliás, o que precisava enxergar naquele momento. E como precisava encontrar uma grande paixão ou viver algo intenso, ela recebeu aquela pessoa com os elementos do que precisava naquele momento de sua vida.

Que coisa louca.

Eis o motivo de tantos conflitos, seja em relações pessoais ou profissionais. Todo quadro que pintamos tem as cores que queremos pintá-lo. Não há motivo para engano. Até a nossa própria vida tem o astral que nós estamos no momento presente.

Descobrir isso me fez ficar muito insegura, porque o terreno em que penso que estou pisando é uma total projeção minha. Para não correr o engano de perder o bom senso, tenho que me perguntar a partir de hoje:

— O que eu estou enxergando? E o que de fato está acontecendo?

Emoções são emoções e fatos são fatos. Simples assim...

Para não esquecer.

Capítulo 35

E aí, vai tirar o relógio?

"É pela ironia que começa a liberdade", afirmou o grande escritor, poeta e político Victor Hugo.

Então ironicamente declaro que eu sempre fui a pessoa mais preguiçosa que eu conheço para atividades físicas. No máximo, os meus inseparáveis patins me faziam companhia umas três vezes por semana. Também admito que sou muito controladora. E é exatamente de pessoas assim que a vida gosta de surpreender.

Eis que o meu atual namorado, um jovem senhor de sessenta anos (bonitão pra caramba), além de executivo, é um atleta que corre há muitos anos.

A rebelde que vos escreve não parava de anunciar para o namorado "não espere que eu corra algum dia, eu sou morta de preguiça. Não tenho fôlego nem para correr cem metros".

Mas um homem com esta idade é sábio, prudente e perseverante. Nunca disse nada, nem incentivava (acho que com medo de apanhar). Mas também não concordava com este hino à preguiça humana.

E olhe que, como terapeuta de relações, eu sempre soube que nós não desafiamos os nossos limites por uma simples questão: temos a crença de que não vamos conseguir.

Então, se nós não acreditamos, como poderíamos tentar?

Fui fazer minha caminhada habitual, lenta como uma tartaruga, até que um senhor de aproximadamente oitenta anos (ou mais) passa por mim correndo e diz "bom dia".

Como assim? O cara deve ter o dobro da minha idade, ainda corre e fala ao mesmo tempo? Logo pensei "vou experimentar correr. Mas vou com calma, apenas trinta minutos".

Realmente, para a minha surpresa, corri trinta minutos e, quando vi, estava morta após este tempo que eu determinei. No dia seguinte, tive a iniciativa de tirar o relógio e deixar que o meu corpo determinasse o tempo que ele suportava correr. É aí que veio a maior lição dos meus últimos anos:

"Nossos acordos pré-determinados com a nossa mente não nos favorece em nada".

No momento em que comecei a correr sem olhar para o relógio, eu fui longe, bem longe (literalmente). Corri o dobro dos meus trinta minutos, que eu acreditava ser o meu limite, e me sentia ótima fisicamente. Quando parei, porque percebia que já havia corrido muito, olhei para o relógio e não acreditava no que via. No meu segundo dia de corrida, eu conseguir correr por sessenta e cinco minutos.

Claro que chorei de emoção (eu choro por tudo). Também ficava olhando para as pessoas que passavam por mim, afinal estava louca para contar a minha novidade. Mas não conhecia ninguém, então fui para casa emocionadíssima.

Ao chegar, quase arranco meu namorado do banheiro para dizer a novidade. Ninguém conhece os seus limites até tentar superá-los.

Tirar o relógio me fez perceber que muitas coisas que eu penso ainda serem difíceis, devem ser perfeitamente possíveis. A diferença é que eu ainda não tentei.

Com esta lição, fica a dica:

— Qual é o limite que você está colocando na sua própria vida? E aí, vai tirar o relógio?

Três anos se passaram, eu casei com este jovem senhor e me tornei maratonista.

Isso mesmo! Hoje faço provas de 42 km.

Incrível não?

Pois é; você também pode!

Capítulo 36

Mundo virtual, coração real

Não importa que hoje setenta e seis milhões de Brasileiros tenham acesso à Internet e suas principais utilizações sejam as redes sociais. Não importa que na Internet todos digam que são felizes e que suas relações são estáveis e tranquilas (claro que não acredito).

Ah, sim, claro! A Internet mudou o mundo, mas... Não mudou o coração das pessoas. Coração é feito... Ops! Do que mesmo? Sei lá... Estou me referindo a coração para denominar tudo aquilo que sentimos em tempo real e que o mundo virtual não consegue alcançar. É que hoje se disfarçam as Marilyns Monroes, Evitas e Chiquinhas Gonzagas, para parecer normal aquilo que não é ser humano e ponto final.

Já viu algum ser humano totalmente normal? Se encontrarem, mandem endereço completo para o meu e-mail. Quero conhecê-lo, contratá-lo e quem sabe até casar com ele. Não! Casar deve ser muito chato. Imagina casar com alguém muito normal. Melhor é gente de verdade. E gente de verdade é imperfeitinha, é gente que fala mal do vizinho, que faz cara de horror diante de uma barata, que bate no carro quando o pneu fura (não resolve nada, mas ele faz isso) e outras bobagens que não agregam valor. Mas pra quê agregar valor toda hora?

Este mundo virtual tem nos tirado a condição primária de ser quem somos. Na era da globalização virtual, o mundo nos espia o tempo todo e a todo momento tem sempre um flash a disparar, um curioso pra palpitar ou um invejoso pra falar. Falar mal, diga-se de passagem.

Temos a impressão que nós somos obrigados a vigiar nossos impulsos reais e primitivos para que a Internet não divulgue a verdade dos nossos corações, mas leve apenas boas notícias. Só tuitamos aquilo que fortalece nossa imagem de bons moços ou para exibir nossos passeios caros. Nunca vi ninguém tuitar para informar que está no morro do Vai quem quer, comendo espetinho de tripa.

No Facebook só mostramos as fotos que nos favorecem (aquelas com o ângulo perfeito), só falamos daquilo que não choca ninguém, só contamos as boas notícias e é claro que nos sentimos obrigados a falar de Deus. Que coisa feia é falar de Deus e não praticar nada de Deus.

Ainda tem o Linkedin, em que somos convidados a recomendar pessoas. Vamos dizer o quê? Imagina isso:

— Olha, esse cara me ferrou no trabalho anterior, é um sacana ou coisas assim.

Neste Linkedin encontraremos mais mentiras do mundo virtual.

Este mundo virtual é proporcionalmente hipócrita ao tamanho da nossa vontade de sermos aceitos por aquilo que não somos. Que mundo doido, meu povo!

Como é que teremos coragem para um relacionamento real se no mundo virtual só divulgo as minhas qualidades? Graças a Deus, estou acostumada a escandalizar as pessoas com a minha espontaneidade e capacidade de dizer a verdade.

Portanto, vamos lá. Bem-vindos ao mundo real.

Temos celulites, palitamos os dentes pra tirar "aquela carninha chata que engancha no penúltimo dentinho", arrotamos depois da Coca-Cola e soltamos pum depois daquela feijoada. Ai, que horror! Mas é tudo verdade.

Também brochamos de vez em quando. Qual o problema disso, gente? Senta, conversa e relaxa, que depois rola tudo de novo. Na verdade, o bom de brochar é que temos motivos pra recomeçar exatamente pelo caminho que gostamos, pelas preliminares. Ai, que maravilha!

Este mundo virtual é uma tremenda armadilha que não supre ninguém. Não liberta, aprisiona. Não aquieta, aflige. Não traz pessoas, nos afasta de nós.

Iremos utilizá-lo para bisbilhotar a vida alheia, para apaziguar o tédio, para sair da rotina, para estreitar laços com quem está longe, mas este mundo virtual não supre nossa necessidade de gente.

Eu gosto mesmo é de olho no olho, de pegar na mão e sentir o sangue quente. Gosto mesmo é daquele beijo demorado de tirar o fôlego e de passar a mão sorrateiramente na B de quem amo. Ui! Estas intimidades, não devem ser divulgadas na net, mas se é pra falar a verdade, vamos lá.

Mundo virtual, coração real. Eu gosto é de gente. Gosto de sentir o hálito, o cheiro, as batidas do coração e daquele calor que o aconchego de um abraço me dá.

O resto? A gente pesquisa na net.

Capítulo 37

Privacidade: o preço pode ser a solidão

Sim, eu sei que todos nós somos cheios de costumes (é claro que somos). Também sei que algumas pessoas possuem "manias" recorrentes.

São pessoas que possuem um forte traço de personalidade dominante, querem manter determinados aspectos de sua vida cotidiana como em um quartel-general.

Isso tudo eu sei. O que precisamos refletir é se estas pessoas também estão preparadas pelo preço que a vida cobra para manter esta tal privacidade. Conheço inúmeras pessoas que temem o casamento e a vida a dois pelo receio de desestabilizarem sua vida pessoal.

Os motivos são os mais variados e divertidos (pelo menos para mim). Alguns dizem que:

* Não conseguem dormir do lado esquerdo da cama;
* Não conseguem dividir o banheiro (e quem precisa?);
* Não querem que outras pessoas desorganizem os seus armários;
* Não querem ser incomodados enquanto dormem;
* Não aceitariam ser surpreendidos por parentes do companheiro em um domingo;
* Não estão dispostos a abrir mão de seus estilos de vida (eu também não).

Tantas desculpas para não conviver. É claro que é muito mais fácil viver sozinho (ou não). Mas não fomos preparados para vivermos sozinhos, entende? Por mais forte que seja o discurso de quem alega não precisar de ninguém, numa hora dessas vai precisar ...

Gente que é gente, precisa mesmo é de beijos na boca, de orgasmos intensos (uau! Adoro essa parte da vida a dois), de abraços na chegada ou na partida, de uma palavra na hora da decepção. Precisamos nos sentir conectados com outra vida para que a nossa tenha sentido. Compreendem isso?

Tenho um cliente de cinquenta e oito anos que me disse não querer mais uma companheira em sua casa, porque não poderia se masturbar diariamente como gosta de fazer. Eu perguntei:

— Por que não?

— Ela não aceitaria, Vanessa!

Genteeeeeeee!!!

E precisa saber? Vai para o banheiro, tranca a porta. Simplifica isso. Talvez com uma companheira dentro de casa, nem seja preciso esta masturbação diária. Vocês não acham?

Como as pessoas complicam a vida. Ninguém precisa mudar tanto a vida para uma convivência saudável.

Eu confesso que não gosto de carne vermelha e só a como no máximo duas vezes ao mês. Mas o meu companheiro é mega carnívoro. E daí?

Ele come carne e eu como peixe. Ele é organizado e eu mais ou menos (mais para menos), mas nunca discutimos por conta disso. Fazemos acordos preestabelecidos que nos isentam desse desgaste diário.

Atividade física pode ser um valor para muitas pessoas e para outras o valor está em relaxar. Simples assim.

Que chato viver dando explicações do que você gosta ou não!

Agora precisa se comunicar, isso sim! Ninguém é capaz de adivinhar nada, exceto as cartomantes trambiqueiras que existem por aí. Se você não define regras de convivência, vai ser difícil a rotina.

Se ele quer ir à praia e você quer ver TV. Qual o problema? Ou cede ou fica vendo TV. E não reclama, por favor! Isso nada tem a ver com viver a dois, tem a ver com a sua insegurança em permitir que o companheiro vá a algum lugar sem você.

Uma coisa que nos esquecemos de lembrar, na hora do ciúme, é o fato de que a pessoa que está conosco era livre para escolher quem quisesse e escolheu justamente você. Entende isso?

Se você acredita que não tem vocação para administrar os conflitos (sempre existirão conflitos em qualquer convivência), sugiro se perguntar de verdade:

— Suportarei ficar sozinho o resto da minha vida apenas para não ter que ver a pia da cozinha cheia de louças antes de dormir? Consegue contrariar os desejos da sua alma para sobrepor aos desejos da sua ordem pessoal? Vale a pena?

Lembre-se da última vez que se sentiu sozinho. É nesta hora que precisamos de alguém de carne e osso ao nosso lado. Esta fome de presença, dinheiro nenhum pode comprar. O dinheiro compra companhia momentânea. Companheirismo de verdade tem que ser conquistado. E o preço a pagar pode ser a sua desorganização pessoal (só um pouquinho).

Confesso que entre privacidade e beijos apaixonados, prefiro os beijos. Opto pela casa desarrumada e meu coração em ordem. A vida é muito curta para se preocupar com chinelos, pias de cozinha, banheiros desarrumados e meias na sala.

Excelente reflexão.

Capítulo 38

Ah! Empresas, não sejam tolas...

Não estou nem acreditando que vou entregar o ouro ao bandido. Afinal, sou consultora de empresas e palestrante, vivo exatamente da educação corporativa. Mas se é para falar a verdade, vamos lá.

Se a sua empresa é do tempo que contrata uma palestra para motivar funcionários, pelo o amor de Deus! Muitos palestrantes sequer conhecem ou utilizam os métodos de aprendizagem acelerada para o adulto. Aliás, da última vez que perguntei o que significava Andragogia (ensino voltado para o adulto), o professor me respondeu com outra pergunta:

— É uma doença da terceira idade, Vanessa?

Portanto, se o cara não sabe como extrair o melhor da sua equipe e nem a empresa fez acordos para aumentar a performance nesse encontro através de um mapa da equipe, da gestão e do clima, elencando expectativas possíveis, parceria para a obtenção de resultados e melhoria contínua, imaginem só o que acontece num evento de aprendizagem e transformação pessoal. Simplesmente se transforma em evento de animação e confraternização entre colegas ou ainda matadouro de expediente.

Primeiro que a automotivação do ser humano não possui sustentabilidade se vier de fora para dentro. Esta motivação que as empresas tanto buscam, precisam vir de dentro para fora, ok? E isso só ocorrerá se o contexto em que o ser humano estiver inserido for favorável ao seu desempenho.

Chamo de contexto, as instalações físicas, o tratamento dado ao colaborador no cotidiano, o relacionamento entre pares, superiores e subordinados, a qualidade do clima organizacional, o senso de justiça e valor ao trabalhador. Se nada disso existe na sua empresa e você contratou o melhor palestrante para motivar as pessoas, sua empresa apenas encheu de grana o bolso do contratado. Nada irá acontecer.

Acha mesmo que um estranho vai conseguir, em um único dia, o que a empresa em 365 dias não consegue? Ilusão, não sejam tolas, não desperdicem os seus recursos.

Tem que ter coragem para uma cronista e palestrante escrever isso. Mas eu tenho, porque sou a favor da educação de qualidade e não gosto de realizar trabalhos pontuais, sem contexto, sem estrutura para perdurar. Trabalho com desenvolvimento e isso requer tempo, é um processo.

Já viu alguma planta crescer em um dia porque recebeu o melhor fertilizante?

Sem falar que desenvolver pessoas é uma responsabilidade compartilhada entre o profissional contratado e a empresa. O método correto faz o indivíduo desenvolver vontade própria de mudança. A metodologia ideal promove o desconforto, pois somente quando nos sentimos inadequados temos sede de mudança.

Sabe aquela palestra feliz, que todo mundo sai morrendo de rir? Vira piada no dia seguinte e agregará ZERO de mudança para a vida da sua empresa.

Atenção, empresas, não sejam tolas. Toda mudança envolve esforço, dedicação e muita doação.

Na área de gestão de pessoas não é diferente.

Capítulo 39

Você é um vencedor?

A verdadeira vitória diante da dificuldade é a vontade de vencer. E não há semântica que possa definir do que é feito um vencedor.

Parece que ele tem uma fibra diferente, uma energia diferente e é movido por uma diferente força. Diferente de quem se entrega, ele luta.

Uma minoria vence, não porque seja privilegiada. Aliás, acho que os vencedores possuem a péssima sorte de atrair crises, desafios e milhares de perspectivas ainda mais desafiadoras que os covardes.

É uma capacidade inata de levar um não e seguir adiante. De não conseguir alcançar a meta do mês e já gastar por conta da próxima que ele acredita que vai alcançar.

Vencedor cai e levanta rapidamente, chora nos bastidores para ninguém saber da sua dor. Afinal, vencedor que é vencedor não quer que ninguém tenha pena dele. Vencedor erra vinte nove vezes e comemora o acerto na trigésima tentativa.

É que vencedor não se apega ao que não deu certo. Vencedor olha para trás apenas para lembrar que houve limites entre a alegria e a tristeza, limites entre a derrota e a vitória.

Mas ele sabe superar tudo isso e ele quase sempre chega à reta final, porque não existe a menor capacidade de um vencedor desistir.

Ele é assim, intenso, insano, insensatamente sonhador... E extremamente batalhador.

Ele não se empolga porque venceu uma batalha. Comemora, mas sabe que a vida é feita de muitas outras batalhas e que a dor não para de jorrar e que a vida não para de bater e machucar.

Vencedor é humilhado e não reclama, é desprezado e não lamenta, é rechaçado e o cara acredita tão fortemente em si mesmo que segue confiante na certeza de chegar lá.

Mas chegar onde? Só ele sabe.

Porque ele não luta somente pelos resultados. Resultados se transformam em valor e valor se transforma em resultados numa mistura alucinada de conquista e desafios diários que só um vencedor sabe explicar ou justificar o porquê suportar tanta pancada sem reclamar.

Talvez ele dissesse para a vida "pancada de amor não dói... mas machuca".

O vencedor sabe disso, a diferença é que ele não se entrega. A diferença é a sua capacidade de superar os desafios, ignorando os limites do que é possível, viável ou realizável.

Ele vai lá e faz... É assim com quem tem fibra de vencedor!

Até na hora que ele broxa... ah! Ele sabe que broxou, mas diz para si mesmo "recolheu-se por um tempinho, hein?"

É vencedor. Nasceu para se comportar como um guerreiro e nunca como um coitado.

E você, é vencedor?

Pense nisso. Pode ser uma só uma broxadazinha passageira, logo mais vai dar certo, mas se não der, paciência.

Capítulo 40

O amor não precisa ser tão romântico assim...

Crescemos acreditando que o amor precisa ser lindo e intenso, que o amor é aquele negócio esquisito que sentimos no estômago quando estamos perto de ver a pessoa que gostamos ou que simplesmente nos excita (isso se chama emoção). Também acreditamos que o amor é algo lúdico, subjetivo, meio lunático e sobrenatural, algo que acontece para poucas pessoas.

Como sempre, quem me ensina mais uma vez é a vida. Nada de livros, universidades ou teorias especializadas em comportamento.

Tive tudo para acreditar que o amor era algo fenomenal, pois vivi um amor sobrenatural por dezessete anos, com uma vida de princesa, tratada feito uma boneca, amada feito uma deusa e paparicada como uma criança.

Lembro que com quinze anos de casada quis casar no religioso para celebrar tanto sentimento. Nada do que as pessoas diziam sobre ter uma vida morna com quinze anos de casada se aplicava a mim. Por dezessete anos tive uma vida intensa, apaixonada e apimentada sexualmente.

Mas... separamo-nos. Não é o sentimento que sustenta as relações. É a forma de nos relacionarmos.

Eis que sou surpreendida em uma nova relação com um candidato ao amor. Confesso que no primeiro momento achava que aquilo não ia decolar.

Mas a vida ensina. E como ensina. O homem que estava diante dos meus olhos não escreve bilhetes, não gosta de beijar e nem fica me dizendo que sou importante para ele. No início achava estranhíssimo, mas, como terapeuta, me corrigia e pensava:

— Ele não pode ser classificado como diferente, porque não pode ser comparado com ninguém. Ele simplesmente é ele, exercendo a sua personalidade e pronto.

O que você quer? Uma cópia do ex-marido? Está louca?

Devagar fui percebendo que cada momento ao seu lado vencia as minhas resistências, pois existia algo que ele me proporcionava e que eu não estava familiarizada: paz para ir e vir a qualquer lugar e em qualquer ambiente.

Tudo nele é tranquilo. Sua fala é mansa, seu timbre de voz é baixo, sua conversa é mínima, apesar de seu gênio ser fortíssimo. Mas isso não me assusta, porque nisso eu tenho doutorado.

Tudo com ele é moderado, nada é intenso. Tudo é tranquilamente gostoso de ser compartilhado. Percebi que aquele amor devorador era apenas um modelo que eu vivia e que não existem modelos ideais para amar.

Devagar ia me acostumando a algo ainda mais estranho para mim, que era dormir sem o grude que eu dormia por dezessete anos.

Mas ele conseguiu algo ainda mais encantador, uma forma de dormir tão terna que não consigo falar sem chorar. Dormimos de mãos dadas. Que coisa linda!

Sem falar que os seus pés de vez em quando me procuram para simplesmente tocar os meus e em seguida seguir sua independência na hora do sono.

É algo como um encontro para saber:

— Oi, você está aí? Porque eu estou aqui.

E nisso os dias iam passando e eu me apaixonando sem perceber por aquela figura diferente de tudo o que vivi. E principalmente muito diferente de mim. Eu falo alto, ele fala baixo. Eu sou indiscreta, ele discretíssimo (acho que vai desmaiar me vendo expor nossa intimidade assim). Ele é suave, eu sou intensa. Eu choro até em inauguração de supermercado, ele poucas vezes se emociona. Eu sou a mãe de todos do universo, ele não se sente responsável por ninguém. Eu sou exageradamente caridosa, ele acredita que para receber tem que merecer.

Ah, lembrei-me do que temos em comum. O humor. Uau! Passamos o tempo todo rindo, rindo muito mesmo.

E os dias passando...

E eu me apaixonando por aquela criatura que diz ter sessenta anos. Imagina, eu não tenho metade do pique dele, ele tem energia para viver duzentos anos, vive inventando atividades e adora curtir a vida. Ainda sai para qualquer lugar em qualquer tempo e hora sem reclamar.

E os dias passando...

E o amor acontecendo. Tudo diferente, tudo contraditório, tudo estranho para mim e eu gostando do universo calmo que ele me apresentava.

Enfim, descobri o grande segredo do amor. O amor não precisa ser romântico. Precisa ser verdadeiro e o que o torna verdadeiro é a necessidade da presença que um possui do outro, mesmo que nem percebam. O somatório do encontro é tão bom que queremos a presença do outro o tempo inteiro.

Não existe a saudade romântica. Sentimos é fome da presença do outro e não da necessidade do outro. Compreendem a diferença? Isso eu descobri nesta relação.

Eu não espero que ele me surpreenda no meu aniversário, nem que me faça sentir grandes emoções como tive no passado. Aliás, com ele eu não viverei quase nada de emoções, viverei um comportamento sóbrio, adequado e terei paz e tranquilidade, nada mais.

Este mês será o meu primeiro domingo das mães descasada.

Sei que será diferente de quando eu era homenageada e alegremente surpreendida com as mais lindas manifestações de sentimento. Neste ano não terei nada disso, no máximo um feliz dia das mães.

E aí?

O que eu direi a mim mesma, rapidamente, é que a felicidade nasce a partir de mim e o que eu recebo do outro é aquilo que ele pode me dar para somar na minha vida. Tudo o mais é carência, vontade ou costume de ter aquilo que pensamos ser necessário.

Eu descobri um amor tranquilo e que me faz viver em paz. E você, o que procura?

Capítulo 41

Os incômodos da razão

Nietzsche já dizia que "quando se olha muito tempo para um abismo, o abismo olha para você".

Eis o problema de querer fazer a coisa certa o tempo inteiro. A dona razão começa a se transformar em um gigante na nossa vida. Viver com prazer é colocar intensidade em nossas atitudes, ou seja, colocar nossas emoções no cotidiano. E se é emoção, está explicado que a razão vai aparecer para azedar o que estamos sentindo, fazendo ou idealizando.

A razão consegue imprimir culpas onde não existe. Sentimos tanta culpa de nos emocionarmos, que todas as vezes que estamos alegres demais dizemos a nós mesmos:

— Quando as coisas estão muito boas, pode esperar que algo ruim vai acontecer.

Que chato ficar azarando a própria vida.

O prazer é tão sensível, se comove com coisas simples, pequenas e causa uma leve sensação de bem-estar.

Se o que você faz cotidianamente não te proporciona prazer, tem alguma coisa errada nisso. Pois nada nesta vida pode se sustentar se não nos trouxer prazer. O nosso cérebro foi tão bem elaborado que ele só repete aquilo que nos oferece prazer de alguma forma.

Já percebeu como todo mundo se incomoda com quem vive alegre e cheio de disposição para bem-viver?

E sabe qual o perfil dos incomodados? Criticar a emoção.

Gente que se diz comedida (racional ou pouco emotiva), acho que também se trata de um pouco de amargura.

Prefiro desconfiar de tudo aquilo que me rouba a alegria de viver. Prefiro saber exatamente o que faz a minha vida valer a pena.

Já parou para perguntar para você o que faz a sua vida valer a pena? Quais os motivos que justificam suportar tanta pressão, tantos aborrecimentos, tantas chateações?

É preciso que haja razões (boas razões) pessoais para continuar vivendo, não apenas existindo.

Pessoas racionais justificam o tempo inteiro que precisam trabalhar para sustentar sua família, que precisam fazer isso ou aquilo para simplesmente manter sua dignidade. Eu sinceramente acho muito pouco. Acho menos do que merecemos possuir.

Acredito que estou aqui para ser honrada, para ser digna e para viver momentos inesquecíveis. E nos momentos inesquecíveis eu mando a dona razão ir passear, porque é incrível como ela estraga momentos que poderiam ser mágicos.

Magia é viver os nossos valores, é encontrar um propósito para levantar todos os dias com gratidão no peito e brilho nos olhos.

Se é fácil? Claro que é. Mas tem que descobrir o que de verdade te faz inteiro, te dá vontade de fazer e de querer está vivo.

Eu já descobri os propósitos que me fazem viver. E você?